나만의 공간

이영승 수필집

| 책 머리에 |

한국전력은 필자가 40년간 몸담았던 평생직장이다. 정년퇴직을 앞두고 마지막 보직이 기대대로 되지 못해 상심이 컸다. 제2의 인생을 어떻게 살 것인지에 대한 고심도 깊었다. 스트레스 탓인지 심한 우울증에 시달렸으며 공황장애까지 겹쳤다. 급기야 유서를 쓰게 되었다. 내 인생 최대 위기였다.

문학이 정서 치유에 좋다는 말을 들은 아내가 고려대 평생교육원 수필창작 및 유학경전 두 과정을 수강 신청 후 무조건 다녀보라고 권유했다. 평소 관심이 많았던 분야라 마치 물고기가 물을 만난 듯 빠져들었다. 엊그제 같은데 8년째 수강하고 있으며, 수필은 2014년 등단했다. 글을 쓰다 보니 감동적인 장면을 만나면 글감의 소재로 생각하는 습관이 생겼다. 매사를 그냥 지나치지 않고 관찰하는 과정이 나는 너무 재미있었다. 어쩌다 마음에 드는 글 한 편을 건졌을 때의 기쁨은 그 무엇과도 비교할 수 없었다.

퇴직 당시 상황을 생각하면 꿈만 같다. 한세상 살면서 여한 없는 사람 누가 있으랴! 아무것도 내 세울 것 없는 촌놈이 세월 잘 만나 누릴 만큼 누렸건만 마음을 비우지 못했던 것이다. 생계 걱정만 면할 정도면 백수보다 나은 팔자도 없겠거늘 왜 진작 깨닫지 못했을까? 책을 읽고 글을 쓰면서 자신을 성찰했다. 지금까지 경험하지 못한 새 세상이 보이기 시작했다. 정년 없는 평생직장을 얻게 되었으며, 우울증도 완전 치유되었다.

부족한 재능으로 글을 쓰다 보니 바친 시간과 에너지가 실로 적지 않다. 책과 싸우며 잠 못 이룬 밤도 많았다. 고뇌의 그 시간도 지나고 보니 내 삶의 가장 행복했던 순간들이다. 한 편 두 편 쓴 글이 50편이 넘었다. 이를 알고 있는 선배 문인들이 수필집을 내라고 권유했다. 아무리 생각해도 습작 수준의 글을 책으로 낸다는 것이 웃음거리가 되지 않을까 두려웠다. 하지만 등단하던 날 칠순 때까지 수필집을 내겠다고 한 아내와의 약속을 무시할 수 없었다. 제 자식은 아무리 못나도 예쁜 구석이 있다고 하더니 부족한 글인 줄 알면서도 애착과 욕심이 생겼다. 그 글들의 조각을 맞춰보니 지나온 내 삶의 흔적이 아롱져 있다. 무지하면 용감하다고 했던가? 출판하기로 용기를 내었다.

오늘이 있기까지 8년간 열정을 다해 지도해 주신 한국수필문학가협회 오경자 회장님께 먼저 깊은 감사를 드린다. 그동안 함께 수강하며 작품을 비평하고 고언을 아끼지 않은 '여울회' 문우님들께도 진심 어린 감사를 드린다. 그리고 부족한 글을 늘 관심 있게 읽고 격려해 준 내 친구 한글학회장 권재일 교수에게도 고맙다는 말을 전한다.

또한 내게 수필을 배우도록 권유하고, 한때 글쓰기에 회의를 느끼며 좌절했을 때도 늘 옆에서 성원해 준 아내(금재득)에게 고맙다는 말과 함께 이 책을 바친다.

2020년 10월, 저자 **이영승**

이영승 수필집

나만의 공간

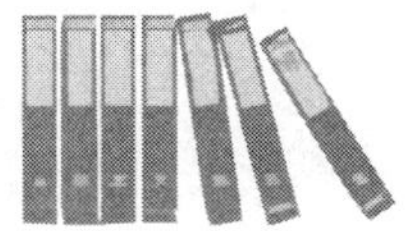

3. 뿌리를 찾아서

4. 행복 실은 은하철도

5. 나만의 공간

6. 생각하는 갈대

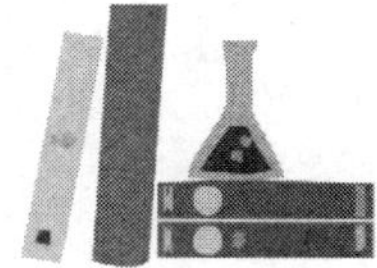

7. 나그네의 여로

1부

아득한 추억

- 배필(配匹)
- 내 인생의 잘한 일
- 현암사의 하룻밤 우정
- 46년 만에 돌아온 편지
- 추억의 오솔길
- 아내와 텃밭
- 비자금

배필(配匹)

내 나이 29세가 되자 부모님의 안달은 날로 심해지셨다. 어느 날 이웃에 사는 팔촌 누님이 하숙집으로 불쑥 찾아왔다. 자리에 앉자마자 단도직입적으로 "사백 년 종갓집 맏딸이며, 농협에 근무하는 스물셋 규수다. 혼처가 좋아 너한테 물어보지도 않고 금주 토요일 이미 맞선 날을 잡았다. 부모님 걱정이 이만저만 아니니 올해는 꼭 장가를 가야 된다."라고 하셨다. 요즘 같으면 이게 말이나 되는가? 하지만 알았다는 말 외에는 무슨 말도 할 수가 없었다. 평소 신뢰하는 누님이신데 너무도 진지했기 때문이다.

안동 시청 앞 양지다방으로 나갔다. 약속 시간보다 30분이 지나도 상대가 나타나지 않았다. 누님은 안절부절하셨다. 몇 차례 신부댁으로 전화해도 받지 않았다. 기다리다 못한 누님은 꼼짝 말고 기다리라 하고는 이십여 분 거리의 그 댁을 찾아 나섰다. 그 집에도 사람이 없었다. 낙심하여 돌아오는 도중에 그쪽 일행을 만났다. 상대 쪽 중매할머니 왈 아무리 기다려도 신랑감이 나타나지 않아 집으로 돌아가는 길이라 했단다. 연유를 알고 보니 그 할머니의 착오로 만남 장소를 양쪽에 달리 전달한 것이었다. 신부 부녀와 조모 등 일행이 내가 기다리는 다방으로 다시 왔다. 더 이상 참을 수 없어 막 나가 버리려던 참이었다. 인력으로 바꿀 수 없는 것이 연분일까? 만나고 6개월 만에 약혼하고, 3개월 후 결혼했다.

약혼 날을 잡은 후 어느 날 장인 될 어른의 연락이 왔다. 약혼 전에 그쪽 집안 어른들을 찾아뵙고 승낙을 받아야 된다고 하셨다. 당사자인 우리 두 사람이 마음을 정했고, 양가 부모님이 허락했으면 되었지 또 무슨 승낙이란 말인가? 신부 될 사람이 요식절차라 귀띔해 주지 않았으면 나는 이해하지 못했을 것이다. 나중에 안 일이지만 종손인 장인은 어려서 아버님을 여의고 홀어머니와 네 분 삼촌 보살핌 속에 성장했다. 20세에 동갑내기 장모님과 결혼하여 낳은 첫딸이었다. 당시 43세로 나와는 14살 차이였다. 사윗감을 사전에 집안 어른들께 보이고 승낙 받는 것은 당연한 도리였는지도 모른다.

부담 없이 면접을 보러 갈 요량이었다. 그런데 아버지께 사실을 말씀드렸더니 혹여 결례를 저지를지 모른다며 시골에 들어와 조부님의 교육을 받고 가라고 하셨다. 회사일이 눈코 뜰 새 없이 바쁜데 그렇게까지 해야 할까 하는 불만도 없지 않았지만, 아버지의 간곡한 말씀을 거역할 수 없었다.

조부님은 그쪽 집안이 퇴계 선생과 사돈을 맺은 봉화 금씨 일휴당 종갓집(일휴당 금응협의 누님이 퇴계 선생의 맏며느리)이라는 사실에 대해 매우 흡족해하셨다. 지금부터 내가 하는 말을 명심해 듣고 실수가 없도록 하라며 말씀을 시작하셨다. "첫 질문은 시하신가 일 것이다. '부모님 슬하인가'라는 뜻인데 양부모가 다 살아계시면 '예'라고 하면 될 것이고, 바깥부모만 계시면 '엄시하' 안부모만 계시면 '자시하'라고 대답하면 된다. 다음 질문은 외가에 대해 물을 것이고, 그다음은 진외가(아버지의 외가)에 대해 물을 것이다. 이는 3대가 양반집과 결혼해야 진정한 양반이라 할 수 있기에 이를 알기 위한 질문이다."라고 하시며 나의 외가와 진외가의 성씨 및 집안 내력에 대해 간략히 말씀해 주셨다. 그동안 수없이 들었던 우리 가문의 시조(始祖)와 조상의 내력 그리고 상해임시정부 초대국무령 석주(石洲) 이상룡(李相龍) 선생 등에 대해서 장황한 설명이 계셨다.

면접장에 당도하니 갓 쓰고 도포 입은 네 분 어른이 위엄을 부리는 듯 둘러앉아 계셨다. 하지만 웬만큼 무장된 나는 면접에 자신이 있었다. 그런데 어쩌면 질문 순서와 내용이 조부님 말씀과 한마디도 차이가 없단 말인가! 완전 족집게 과외를 받은 것이었다. 문제는 완벽한 면접이라 생각했는데 그렇지 못했단다. 어른들 앞에서 안경을 벗지 않은 결례를 범했다는 후문이 들려왔다. 멋으로 쓴 선글라스도 아닌데 말이나 되는가? 그 후 40여 년 세월이 흘렀다. 지금은 모두 고인이 되셨지만 젊은 시절 처갓집에 갈 때마다 종갓집 맏사위라는 위치 덕분에 참으로 많은 예우와 사랑을 받았다.

나는 신혼여행을 가지 못했다. 원래는 회사일이 너무 바빠 경주라도 하루 다녀올 계획이었다. 안동호텔에서 결혼식을 마치고 신혼살림할 집으로 돌아오니 장인어른 형제분이 요객(繞客)으로 와 계셨다. 큰상을 받으시고 하룻밤을 묵어가게 되어 있었다. 많은 친척분들도 자고 가겠다며 몰려들었다. 당시로는 당연한 이바지 풍습이다. 그런데 아버지가 느닷없이 나를 조용히 불러내더니 신혼여행을 가지 말라고 하셨다. 신혼부부를 보러 온 손님들을 두고 주인공이 떠나 버리는 것은 도리가 아니라 하셨다. 아마도 사전에 말하면 성사가 어려울 것 같아 작심하고 당일 말씀하시는 것 같았다. 어른 말씀이라 아무도 우리를 옹호해 주지 않으니 어쩔 도리가 없었다.

문구멍을 뚫고 신방을 들여다보며 밤새도록 장난을 쳤다. 잠을 잘 수 없는 고역스러움과, 신혼의 짜릿함이 공존하는 야릇한 첫날밤이었다. 그 총중에 태어난 첫딸이 허니문 베이비라니 참으로 신통도 하다. 맞선을 보던 날 두 시간 넘게 기다렸던 일은 아무리 생각해도 불가사의하다. 그래서 배필은 하늘이 맺어 준다고 했던가.

(수필문학 추천작가회 사화집 2017)

내 인생의 잘한 일

고희를 바라보는 나이다. 그동안 내가 한 일 중에서 잘한 일들은 과연 무엇이 있을까? 한번쯤은 진지하게 생각해 볼 의미가 있을 것 같다. 앞으로의 삶에 참고가 될 수 있을 것 같기 때문이다. 지나간 세월에 있었던 중요한 일들을 하나하나 기억하여 열거해 보았다. 아쉬운 일들도 적지 않지만 잘한 일도 의외로 많은 것 같다.

첫째가 한국전력 취업이다.

한전은 40여 년을 몸 바친 나의 평생직장이었다. 긴 세월 하루같이 보람과 자부심을 안고 살았다. 한전이라는 큰 울타리는 내 가정을 안정적으로 지켜 주었으며, 나는 그 속에서 청춘을 불태웠다. 과분할 정도로 성취도 하였다. 누가 뭐래도 한전은 내 인생의 전부라 하지 않을 수 없다.

다음은 아내와의 결혼이다.

솔직히 젊은 시절에는 그런 생각하지 못했는데 나이가 들면서 그렇게 생각하게 되었다. 그 이유가 구체적으로 무엇 때문인지 곰곰 생각해 보았다. 무엇보다 집안 대소사를 내가 신경 쓰지 않도록 잘 챙겨 주기 때문이 아닐까 싶다. 헌신적인 자식 사랑도 늘 나를 감동시켰다. 그런데도 나는 결혼기념일이나 생일 한 번 제대로 챙겨 주지 못했다. 이에 대한 미안함을 솔직히 근년에 들어 새삼 느끼고 있다. 아내는 나이가 나보다 여섯 살 아래다. 결혼 초에는 한참 어리고 철이 없다고 생각했는데 40년 넘게 살다 보니 언제부턴가 누님같이 되어버렸다. 참으로 알다가도 모를 일이다.

세 번째는 수필 입문이다.

정년퇴직을 앞두고 '제2 인생을 어떻게 살 것인가' 문제로 갈피를 잡지 못할 즈음이었다. 아내의 권유로 '고려대 평생교육원 수필창작 과정'을 수강하게 되었다. 고심하여 쓴 작품을 문우들과 서로 토론하는 것이 너무 재미있었으며, 함께 문학 기행을 다니는 일도 더없이 즐거웠다. 글쓰기는 무엇보다 정년퇴직이 없어서 좋았다. 책을 읽고 글을 쓰면서 나를 성찰하게 되었으며, 그동안 경험하지 못한 새로운 세상을 만나게 되었다. 어쩌다 만족할 만한 글 한 편을 건졌을 때의 기쁨은 실로 그 무엇과도 비교할 수 없었다. 수필은 자기가 보고 겪은 삶의 이야기다. 소박한 감동의 순간들을 기록으로 남기니 이 또한 의미가 적지 않다. 수필이 없었다면 무기력한 은퇴자의 자존을 무엇으로 지킬 수 있었으랴 싶다.

위의 세 가지를 중요도에 따라 순서를 정하려고 하니 쉽지가 않다. 아내와의 결혼을 맨 앞에 내세울 수도 없고, 그렇다고 마지막에 놓기도 그렇다. 고심 끝에 중요도에 의미를 두지 않고 발생 연대순으로 배열해 놓고 보니 더없이 적절한 듯하다.

이 외에도 잘한 일들을 찾아보니 의외로 많다. 아이들 교육을 위해 첫 아이를 입학시키기 전에 고향을 떠나 서울로 올라온 것도 잘한 일 중 하나다. 그리고 오랜 고민 끝에 퇴직금을 몽땅 연금으로 전환한 일도 백수가 되고 보니 선견지명이었다. 뿐만 아니라 골프를 배운 일도 다행이며, 퇴직 후 유학경전을 배우기 시작한 일도 신의 한 수였다.

잘한 일들은 결국 내 인생의 성공담이다. 생각할 때마다 엔도르핀이 솟아나니 이보다 더 좋은 보약이 무엇이 또 있으랴! 수시로 잘한 일들을 생각하니 그날 하루가 즐겁다.

(2017. 6)

현암사의 하룻밤 우정

39년 만에 초등학교 단짝 친구 소식을 들었다. 얼마나 가슴이 설레는지 그날 밤 잠을 이루지 못했다. 그는 공부도 잘했지만 성격이 쾌활하고 친화력도 남달랐다. 나와는 잊지 못할 추억이 많다. 내가 전교 어린이 회장에 출마했을 때 그 친구의 적극적인 지원 덕택에 간발의 차로 당선된 것도 그중 하나다. 그는 지금 출가의 몸으로 현암사(懸岩寺) 주지로 있다고 했다.

졸업 후 9년 뒤 우연히 그를 한 번 만난 적이 있었다. 군 입대 신체 검사장에서 길게 늘어선 인파 속에 애티 나는 스님이 서 있었다. 낯익은 사람 같아 슬며시 찾아가 "나를 알겠느냐?"고 물으니 합장하며 고개만 끄덕였다. 해맑고 청아하던 그 모습이 지금도 생생하다. 신체검사는 다음 날까지 계속되었다. 여관에서 숙박한다기에 내 하숙집으로 가자고 했다. 우리는 그간 살아온 얘기로 밤이 깊어 가는 줄 몰랐다. 그는 부산상고 재학 중, 암으로 위를 완전 절단했다. 당시만 해도 위암은 완치 확률이 극히 낮았다. 살기 위해 최선의 길을 선택한 것이 출가였단다. 주산이 4단이라 서울 조계사에서 회계를 맡고 있으며, 승려 생활에 매우 만족한다고 했다. 법명은 도공(道空)이었다.

소식을 안 이상 하루도 더 지체할 수 없었다. 현암사를 인터넷으로 검색하니 대청댐 바로 인근이었다. 절경을 극찬하는 방문객들의 후기가 많았다. 하룻밤 잘 준비를 챙겨 들뜬 가슴으로 현암사를 찾아 나섰다. 절 문을 들어서자 스님은 의외의 방문객을 한눈에 알아보고 놀라며 반겨주었다. 그 옛날의 동안은 아니지만 온화한 자태와 천진한 미소는 여전했다. 함께 경내를 돌아보고, 산자락에 올라 대청댐 주변 절경도 조망했다. 스님이 손수 끓여 주는 차는 꿀맛이었으며 모처럼 먹는 절밥도 별미였다.

법주사는 조계종 제5교구 본사로 역사 서린 사찰이다. 스님은 그 후 동국대를 졸업하고 유학을 다녀온 후 법주사 주지를 역임했으며, 청주불교방송 사장도 맡고 있었다. 지금 기거 중인 현암사는 법주사의 말사이다. 법주사 주지 퇴임 후 현암사로 처음 왔을 때는 신도 10여 명의 작은 암자였다. 그동안 불사를 일으켜 신도 5천 명이 넘는 큰 사찰로 변모시켰다. 스님은 법주사 대웅전을 새로 짓고, 현암사의 대웅전까지 지음으로써 대웅전을 2채 지은 진기한 업적을 남겼다. 그 과정에 난관도 적지 않았다. 살아온 인생사 얘기로 시간 가는 줄 몰랐다. 이곳에서 그와 마주앉아 얘기를 나눈다는 사실이 꿈만 같았다.

밤이 깊어지자 내일을 위해 이만 잠자리에 들자며 침실로 안내했다. 얼마나 자상한지 이부자리를 손수 돌봐주고, 밤에 소변을 보게 될 것을 걱정하여 내 손을 잡고 화장실도 답사했다. 낯선 절간이라 어려움에 처할지 모른다며 밤새도록 전등불도 켜 놓았다.

자리에 누웠으나 온갖 상념으로 잠이 오지 않았다. 고교 1학년 때 불교 관련으로 심각하게 번민했던 추억이 떠올랐다. 당시 나는 춘원의 소설에 심취하여 그분의 저서라면 가리지 않고 읽고 있었다. 책 속에 흐르는 불교사상에 매료되어 길을 가다 스님을 만나거나 목탁 소리를 들으면 발길을 멈췄다. 그러던 어느 날 당시 유명하던 동화사 홍원 스님을 초청한 전교생 특강이 있었다. 강의 내용에 감명받은 나는 깊은 고민에 빠졌다. 나도 스님처럼 평생 수도자의 길을 걷고 싶다는 욕망을 억제할 수 없었기 때문이다. 긴 고뇌 끝에 비장한 각오로 출가를 결심하고 홍원 스님을 찾아갔다.

어린 학생이 출가를 하겠다며 찾아갔으니 얼마나 기가 찼으랴! 스님은 내게 단 한마디의 말씀도 없었다. 저녁 공양 시간이 되자 동자를 불러 겸상을 차려 오라 하셨다. 그러나 식사 때도, 식사 후에도 말씀은 계속 없었다. 답답한 마음으로 기다리다 스님 옆에서 잠이 들었다. 새벽 4시경에 깨워서 일어나니 예불을 보러 가자고 하셨다. 예불이 뭔지 모르는 나는 신기한 듯 눈을 가늘게 뜨고 구경만 했다. 아침 공양을 마치자 대구 보현사로 불교학생회 강연을 가야 하니 함께 가자고 하셨다. 버스를 타고 보현사 근처에 갔을 무렵 그토록 기다리던 대답을 주셨다. "불교 공부는 사회생활을 하면서 해도 늦지 않다. 지금은 학생 신분이니 학업에 열중할 때다. 출가는 그렇게 즉흥적으로 결정할 일이 아니다." 대략 그런 요지의 말씀이었던 것으로 기억된다.

스님은 특강을 마친 후 고등부 학생회장을 불러 불교에 관심이 많은 학생이니 잘 지도해 주라고 당부한 후 훌쩍 떠나 버리셨다. 그토록 심각하게 고민했던 출가는 그렇게 대단원의 막을 내렸다. 지금 생각하니 그때의 출가 결심이 어이가 없지만 그 용기만은 가상했던 것 같다. 그 후 열심히 학생회에 다니며 반야심경, 천수경 등을 배우고 수련회에도 부지런히 다녔다. 3학년 때는 파계사에서 법명도 받았다. 그러나 직장 생활 후에는 바쁜 현실에 쫓겨 절에는 거의 다니지 못했다. 지금은 누가 종교를 물으면 양심상 불자라는 말도 쉽게 하지 못하고 있다.

지붕 끝 풍경 소리가 밤이 깊었음을 계속 알렸으나 상념은 그칠 줄 몰랐다. 45년 전에는 동화사에서 잠을 이루지 못했고, 오늘은 현암사에서 날밤을 새우고 있다. 도공 스님을 만나러 오는 발걸음이 이토록 가볍고 가슴 설렌 것을 보면 그때 내 가슴속에 활활 타오르던 불심이 아직도 다 사그라지지는 않은 것 같았다. 내가 만약 내일 아침 도공 스님께 홍원 스님을 찾아갔던 심경으로 다시 출가를 하겠다고 말하면 뭐라고 할까? 지금은 출가하기 너무 늦은 나이니 생각을 바꾸라고 할까? 아니면 조선 말기 선승(禪僧) 경허

(鏡虛) 스님의 시(詩)

世與青山何者是(속세와 청산 어느 것이 옳은가)

春光無處不開化(봄볕 이르는 곳에 꽃피지 않는 곳이 없다)

와 같이 '내가 머무는 곳이 곧 절이요, 부처님 앞이니 출가가 따로 없다.'고 할까? 그도 아니면 말없이 빙그레 웃기만 할까? 무어라고 하던 내가 지금에 와서 다시 출가 운운함은 언감생심이다. 세상만사는 인연 따라 생멸하는 법인데, 승복 입고 사바세계를 벗어나는 그 엄청난 길을 내 어찌 쉽게 탐내려 하는가! 철없이 동화사를 찾았던 반세기 전과 지금의 내가 달라진 것은 아무것도 없다. 인생사 모두가 허상이라 했던가? 무상한 세월만 흘려보낸 것 같아 안타깝기 그지없었다. 마음이 초조해지니 잠은 더욱 멀어져 버렸다.

새벽녘에 깜빡 잠이 들었나 보다. 스님의 기침 소리에 잠이 깼다. 스님과 마주하여 아침 공양을 마쳤다. 공양을 차려 준 보살님께 합장하여 고맙다는 인사를 드리고 절 문을 나서니 스님이 배웅하기 위해 미리 나와 기다렸다. 그만 들어가라고 몇 차례 말해도 한참이나 따라 나오더니 봉투 하나를 슬며시 내밀었다. "내가 동창회에 갈 수 없으니 친구들을 만나 식사라도 한 끼 하라."고 했다. 몇 번 거절했으나 뜻을 굽히지 않았다. 돌아오면서 봉투를 확인하니 거금 100만 원이 들어 있었다.

동창들이 모여 이 돈을 어떻게 쓸 것인가를 논의했다. 50만 원은 부처님 오신 날 동창회 이름으로 현암사에 연등을 달고, 나머지는 스님의 뜻을 따라 회식하기로 했다. 어린 시절의 우정이 오죽 애틋했으면 속세를 떠난 몸으로 이토록 마음을 쓰실까? 그리운 친구 도공 스님, 부디 성불하소서!

(월드코리안 신문 2014. 6)

46년 만에 돌아온 편지

지금부터 5년 전이다. 중학교 동기 십여 명이 자리를 함께했다. 동기회 모임을 발기하기 위해서였다. 어쩌다 보니 내가 초대 회장을 맡게 되었다. 모두 감회에 벅차 시간 가는 줄 모르고 이야기꽃을 피웠다. 그중 한 친구는 풍문으로만 소식을 듣다가 졸업 후 46년 만에 처음 만났다. 학창 시절 공부를 특출하게 잘하여 서울대를 졸업 후 같은 대학의 교수로 재직 중이다. 현 한글학회장이기도 하다.

며칠 후 그 친구로부터 메일이 날아왔다. 첨부물을 열어 보니 3학년 때 내가 보냈던 편지를 스캔으로 떠서 보냈다. 편지를 썼던 나는 그 사실조차 기억하지 못하고 있는데 그 친구는 어떻게 긴 세월 동안 편지를 보관했을까? 보관을 했다고 한들 어떻게 기억을 되살려 찾아냈을까? 나로서는 참으로 상상도 할 수 없었으며, 감동이 좀처럼 가라앉지를 않았다.

편지를 읽어 보니 내가 편지를 쓰게 되었던 동기가 차츰 기억나기 시작했다. 당시 우리집은 시골에서 농사를 짓고 있었는데 2년 연속 흉년이 들어 가정 형편이 몹시 어려웠다. 고등학교 진학은 감히 꿈도 꿀 수 없었으며. 졸업하면 무조건 서울로 달아날 생각만 하고 있었다. 그때 나의 형편을 전혀 알지 못하는 그 친구가 어느 날 조용히 다가왔다. 그는 우리 반 반장이었는데, 성적이 꽤 우수하던 내가 공부를 팽개친 듯하자 걱정이 되었던 모양이다. "공부 좀 해라. 왜 매일 놀기만 하니?" 하고 타이르듯이 충고를 했다. 그의 따뜻한 말 한마디에 울컥 설움이 북받친 나는 아무 말도 하지 못하고 돌아섰으며, 그날 밤 4장이나 되는 장문의 편지를 썼던 것이다. 그야말로 눈물 젖은 편지였다.

편지는 내 처지를 비관하는 내용이 주를 이루었다. 내용 중에는 이광수 전집을 한차례 다 읽어 가는데 너무도 많은 감명을 받았으며, 언젠가는 나도 작가가 되고 싶다는 각오도 적혀 있었다. 가만히 생각하니 지금 내가 글을 쓰고 있는 것도 그때의 각오가 나도 모르는 사이에 발현되고 있음이 아닌가 싶었다.

우여곡절 끝에 그해 말 나는 고등학교에 진학했다. 근로 장학생 제도(성적이 우수하고 생활이 어려운 사람을 선발하여 근로를 제공받고 수업료를 면제해 주는 제도) 덕분이었다. 그때 내가 담당했던 일은 온실에 화초를 키우는 일과 실습공장의 청소 등이었다. 당시 겪었던 말 못할 고초들이 생생히 되살아나며 새삼 가슴을 뭉클하게 했다.

졸업 후 두 곳의 대기업 직장을 거쳐 평생직장 한국전력에 입사했다. 직장 내 치열한 경쟁 속에서 공부하랴, 승진하랴 앞만 보고 달려오다 보니 그리운 옛 친구들도 제대로 연락하여 만나지 못했다. 그러던 차에 오늘 그 친구를 만나게 되었으며 꿈에도 생각지 못했던 가슴 뭉클한 추억 서린 편지도 받게 된 것이다.

어떤 모임에 갔다가 그 친구의 편지 얘기를 했다. 모두 신문에 날 만한 사건이라고 했다. 대학교수는 역시 다르다고 하는 사람도 있었으며, 액자에 넣어 가보로 보관하라는 사람도 있었다. 흘러간 지난 세월을 가만히 회상해 본다. 어려웠던 과거는 잊고 싶은 것이 사람의 본성일까? 내가 편지를 쓴 기억조차 망각한 것도 그 본성 때문이란 말이던가? 기쁨과 회한이 한꺼번에 몰려왔다.

46년 만에 돌아온 편지, 내게는 더할 나위 없을 정도로 진귀한 보석이다. 그런데 그 편지가 이토록 애착이 가는 연유가 대체 무엇 때문일까? 오래되었기 때문일까? 아니면 친구의 우정이 서렸기 때문일까? 그렇다. 하지만 그것만이 전부는 아닐 것 같다. 아마도 아득히 잃어버렸던 내 인생의 한 토막을 다시 찾았기 때문이 아닐까 싶었다.

(월드코리안 신문 2019. 4)

추억의 오솔길

2004년 초였다. 회사의 '지방 순환근무 제도'에 의해 대구지사로 발령을 받았다. 당시 나는 고참 부장으로 그해 승진을 하지 못하면 다시 기회가 오기 어려운 절박한 상황이었다. 혼자 사택에 살다 보니 부서 내 간부들이 가끔 저녁 식사 자리를 만들었다.

하루는 단골로 다니는 한정식집 주인 마담이 내가 외로워 보인다며 애인을 한 사람 소개시켜 주겠다고 했다. 진정성이 있는 것 같아 어떤 사람이냐고 물어보았다. "내가 아끼는 여고 후배인데 미스 대구·경북 경진대회에서 8강까지 오른 미모의 이혼녀다. 나이는 마흔셋이며 현재 꽃가게를 운영하고 있다. 요즘은 화훼협회 총무를 맡아 열심히 활동 중이다."라고 했다. 미모라는 말에 귀가 솔깃하여 진정성 있게 소개를 해 달라고 하였다. 조만간 식사 자리에 한번 초대하겠다고 하기에 날짜까지 약속을 받았다.

설레는 마음으로 하루하루를 보냈다. 내 생애에 이렇게 가슴 설레며 이성을 기다려 본 적이 있었던가 싶었다. 어떤 사람일까? 만나면 무슨 말을 할까? 고심 끝에 애틋한 자작시를 한 수 준비했다. 지금 생각해도 그때의 용기와 열정이 참으로 놀랍다.

약속한 그날이 왔다. 문을 열고 들어서는 그녀의 훤칠한 외모와 세련된 의상에 나는 완전 압도되고 말았다. 시선을 마주칠 수가 없었다. '나와는 쉽지 않겠구나.' 하는 생각이 머리를 스쳐 갔다. 마음을 차분히 가라앉혔다. 술잔이 몇 순배 돌았다. 동석자들이 의도적으로 나를 추켜세우고 띄웠다. 차츰 어색한 분위기가 해소되기 시작했다. 그때 준비한 시를 꺼내 낭송 후 두 손으로 정중히 바쳤다. 그녀도 내게 호감을 보이기 시작했다. 시 낭송에 찡한 감동을 받았다는 사실은 다음 번 둘이 만났을 때 그녀로부터 들었다.

몇 번 만나고 난 뒤 하루는 작심하고 말을 건넸다. "당신 같이 미모를 갖춘 사람이 무엇 때문에 나이도 많고 가진 것도 없는 나 같은 월급쟁이에게 정을 주느냐?"고 진지하게 물었다. 긴 한숨을 쉬더니 차분하게 대답했다. "20대 초반에 미스 경진대회에 출전하고, 웨딩숍 운영으로 경제적 자립까지 이루어 세상 무서운 줄 모르고 살았다. 36세에 한 남자를 알게 되었는데 풍모에 반해 신분이나 인간성을 제대로 파악하지도 않은 채 결혼을 했다. 얼마간 살다 보니 술과 도박을 할 뿐만 아니라 그것을 만류하는 나에게 폭행까지 서슴지 않았다. 날이 갈수록 심해져 위자료 한 푼 없이 갓 태어난 아이를 데리고 도망치듯 헤어졌다."

잠시 천정을 쳐다보고 난 후 내 눈을 바라보면서 다시 말을 이어갔다. "솔직히 잘난 남자는 관심도 없다. 진실되고 인간미 있는 사람과 친구처럼, 오빠처럼 한번 사귀고 싶다. 왠지 모르게 처음 만났던 그 순간부터 마음이 끌리더라."라고 했다.

그동안 그녀 앞에만 서면 마음이 위축되었다. 그러나 그날 이후부터는 자신감이 생겼다. 우리의 만남은 급진전되었다. 시간만 나면 경주 등 유적지를 찾아다녔으며, 사람들의 시선을 피해 손을 꼭 잡고 무한정 해변을 걷기도 했다. 때로는 멀리 동해안까지 드라이브도 나갔다. 야외로 드라이브할 때는 항상 그녀가 운전을 했다. 운전이 취미라고 했지만 나의 과속운전이 불안했기 때문인 것 같았다. 음식은 언제나 저렴한 것으로 주문했으며 무엇이나 맛있게 잘 먹었다. 소탈한 그런 모습이 더욱 내 마음을 사로잡았다.

당시 그녀의 딸아이는 6살이었는데 누구에게 맡길 수 없을 때는 가끔 데리고 나왔다. 엄마를 닮아 정말 예뻤으며 영악스럽기까지 했다. 어느 날 내가 눈치 없이 그녀의 손을 잡는 것을 아이가 보았다. 그 순간부터 노골적으로 나를 싫어하기 시작했다. 자기 엄마를 빼앗아 갈 나쁜 사람으로 의심하는 것 같았다. 아이의 마음을 돌려보려고 예쁜 옷과 장난감을 사 주는 등 온갖 공을 들여 보았으나 별 효과가 없었다. 아이 앞에서 엄마 손을 잡는 것은 엄두도 낼 수 없게 되었다. 아이 눈치 때문에 그녀와 시선도 마주하기 어려워졌다. 참다못해 하루는 "앞으로 만날 때는 아이를 데리고 오지 않았으면 좋겠다."라고 말하기에 이르렀다.

꿈같은 5개월이 흘렀다. 그런데 우리의 로맨스를 아내가 눈치채고 말았다. 퇴근 후 전화를 자주하지 않고, 주말 귀경 횟수도 줄어들자 나를 의심했던 것이다. 나 몰래 아내가 사택 경비실에 전화를 해서 퇴근 여부를 체크했으며, 이를 확인하기 위해 나 몰래 대구에 다녀가기도 했다. 하루는 모처럼 귀경한 나를 불러 앉히더니 모든 정황을 조목조목 제시하며 이실직고하라고 했다. 변명할 수 없는 상황이 되었다. 정면 돌파하기로 결심했다.

"여자를 만난 것은 사실이다. 그러나 당신이 의심하는 불륜은 절대 아니다. 우리 회사와 화환을 거래하는 꽃집 사장인데 고객 관계로 몇 번 만나 식사했다. 사업상 내 도움이 필요해 그 사람이 대접한 것이다. 10살이나 나이 많은 나와 무슨 연애를 하겠는가? 믿지 못하면 함께 만날 수도 있다. 얼마 후 대구 화훼협회의 꽃 전시회가 있는데 고객 안내를 맡았다고 하더라. 관람하러 간 척하면 자연스럽게 만날 수 있다."라고 했다. 내 말을 완전 신뢰하지는 않았지만 일단 위기는 넘길 수 있었다. 그다음 일은 그녀와 말을 맞추면 해결책이 나오지 않을까 싶었다.

아내가 나 몰래 꽃 전시회에 다녀왔다. 고객인 양 가장하여 그녀와 말도 나눠 보고, 한복 입은 화려한 모습을 몰래 카메라에 담아 왔다. 그 사진을 나에게 보여 주며 말했다. "시시한 사람을 만날 것 같으면 절대 용서하지 않으려 했다. 그 정도면 마음이 홀릴 만도 하더라. 회사와 가정밖에 모르고 살아왔는데 이때 연애 한 번 못하면 너무 억울할 것 같다. 이왕 만날 바엔 돈도 쓰면서 멋

있게 만나라. 당신은 지금 꿈같은 오솔길을 걷고 있다. 대로와 계속 평행한 오솔길은 없으리라 믿는다. 나는 그 오솔길이 짧기만을 기다리겠다. 다만 올해는 꼭 승진을 해야 하니 오솔길이 끝나는 순간에는 미련 없이 대로로 나오겠다는 약속을 하라."

그 말을 듣는 순간 어안이 벙벙했다. 그동안 내가 돌부처를 데리고 살았나 싶기도 했다. 진심으로 "하늘을 두고 맹세하겠다."라고 언약했다. 다만 자식들에게만은 비밀로 해 달라고 하였다. 아내도 기꺼이 동의했다.

얼마 후 아내가 아이들 남매를 데리고 대구에 내려왔다. 명분은 경주 관광이었다. 그러나 나는 너무 긴장되어 안절부절못했다. 식사 도중에 아이들이 나를 보며 킥킥거리고 웃었다. 왜 그러느냐고 물으니 아들 녀석이 "아빠, 요즘 연애하신다면서요?"라고 하는 것이 아닌가. 깜짝 놀라 아내를 쳐다보았다. "너희 아빠 요즘 이렇게 멋있게 산다고 내가 다 얘기했어요. 뭐가 잘못됐나요?"라고 했다. 어쩔 수 없어 한바탕 그냥 웃고 말았다. 그러나 이는 분명 '자식들까지 다 알고 있으니 처신에 각별 조심하라'는 아내의 계산된 포석임이 틀림없었다.

급기야 큰 문제가 터지고 말았다. 순간적인 나의 방심 때문이었다. 어느 날 아내가 느닷없이 "당신은 예쁜 여자를 그토록 애틋하게 좋아하면서 한 번 안아보지도 못하는 가엾은 남자 같아요?"라고 조롱하듯이 말했다. 순간적으로 자존심이 상했다. 나는 무의식적으로 "무슨 소리야? 나도 성인군자가 아닌 보통 남자야."라고 말해 버렸다. 아차! 하는 순간 아내의 안색이 확 돌변했다. 당장 이혼이라도 할 태세였다. 그렇게 화난 모습 지금까지 본 적이 없다. 무엇보다 자식들까지 알고 있으니 이 난관을 어찌하랴!

정신을 가다듬어 "그럼 왜 처음 알았을 때 적극적으로 만류하지 않았느냐?"고 겨우 한마디 했다. "그때는 분명 불륜은 아니라고 했잖아요? 당신의 순수함을 믿었어요. 그때 당신 눈에는 그 여자 외에는 아무것도 보이지 않았어요. 정면으로 막아서면 당장 가정이 파탄날 것만 같았어요. 그동안 내 마음의 상처가 얼마나 컸는지 알기나 해요?"라고 하는데 그 표정이 실로 처절했다. 더 이상 버틸 재간이 없었다. 당장 끝내겠다는 결연한 언약을 하고서야 위기를 모면했다.

며칠 후 그녀를 만났다. 아내가 모든 것을 알게 된 경위를 상세히 얘기한 후 "우리의 인연은 여기까지인 것 같다."라고 단호하게 말했다. 얼마간의 침묵이 흘렀다. 한참 후 고개를 들더니 침울하게 "알았다"는 한마디를 남기고 냉정히 돌아서 나가 버렸다. 하늘이 무너지는 것만 같았다. 그 후 몇 번 용기를 내어 전화를 했으나 아예 받지를 않았다.

그녀의 성향으로 봐서 '자기 관리도 못하는 사람과는 더 이상 만나고 싶지 않다.'고 작심했거나 '남의 가정 파탄 내면서까지 만나기는 싫다.'는 결연한 의지 같았다. 바보 같은 나의 순진함을 수없이 자책했다. 그녀를 웬만큼 잊기까지는 일 년이 넘게 걸렸다. 조항조의 '사나이 눈물'을 수없이 불렀다. 나를 위해 작곡한 노래 같았기 때문이다. 그해 연말 나는 승진을 했다. 더 오래도록 정신 차리지 못했다면 아마도 승진은 어려웠을 것이다. 이해와 용서로 위기를 넘기게 해 준 아내가 참으로 고마웠다.

11년의 세월이 바람처럼 흘렀다. 그렇게도 내 마음을 몰라주던 그 아이는 지금쯤 얼마나 자랐으며, 두 모녀는 어떻게 살아가고 있을까? 한 시절 잠시 거닐었던 아련한 추억의 오솔길. 어느 날 문득 뒤돌아보니 세월 속에 아득히 멀어져 간다.

(수필문학 추천작가회 사화집 2015)

아내와 텃밭

우리 아파트 외곽에는 폐쇄된 경춘선 철로가 지나간다. 철길을 따라 길게 조성된 솔밭은 주민들의 소중한 휴식 공간이며 만남의 광장이기도 하다. 산책로 주변은 코스모스, 채송화, 맨드라미 등 오만 꽃들이 철따라 오색수를 놓고 있다.

구청에서 솔밭 주변의 공유지를 복토하여 텃밭으로 만들었다. 한 필지가 세 평 정도인데 모두 백 필지가 넘는 넓은 공간이다. 그 텃밭을 주민들로부터 경작 희망자를 신청 받아 무료로 분양했다. 아내도 신청했으나 당첨되지는 못했다. 아파트 맞은편 '어르신 돌봄 지원센터'에서 직원들 경작용으로 여섯 필지를 분양받았다. 그런데 작물을 가꿔본 경험이 없는 직원들이라 농사가 제대로 되지를 않았나 보다. 한 이웃 지인의 추천으로 아내가 그 텃밭을 관리하는 도우미로 선정되었다.

경작되는 농작물은 상추, 쑥갓, 가지, 고추, 방울토마토 등 꽤나 다양했다. 며칠 동안 작물을 가꾸던 아내는 농사가 이렇게 어려운지 몰랐다며 걱정이 태산이다. 잡초는 하루가 다르게 자라고, 가뭄이 심할 때는 매일같이 물을 줘도 식물은 메말라 갔다. 고추나 토마토는 지지대를 세우고 성장에 맞춰 끈으로 붙잡아 매줘야 하는 등 할 일이 끝이 없었다.

그래도 아내는 어릴 적 시골에서 자라서 농사에 웬만큼 상식이 있는 편이었으며 열정도 대단했다. 하루도 거르지 않고 틈만 나면 밭에 나갔으며, 마치 어린 아기를 돌보듯이 정성을 다해 작물을 가꿨다. 그것을 지켜보는 나 또한 신기하고 흐뭇했다.

물을 주거나 지지대를 세울 때는 가끔 내게 도움을 청했다. 그러다 보니 나도 텃밭 일에 흥미가 생기기 시작했다. 아내와 함께 맨발로 흙을 밟으며 땀을 흘리는 기분은 그 무엇에도 비교할 수 없었다. 36년을 함께 살면서 이토록 잔잔한 행복을 느껴본 적이 있었던가 싶다.

아내는 경작 과정에 모르는 것이 있으면 책을 찾아보는 등 성장 생태를 면밀히 관찰했다. 하루는 내게 "작은 씨앗이 땅속의 온기에 의해 발아되고, 움이 터서 새싹이 나온다. 뿌리는 토양의 자양분을 섭취하고, 잎은 햇빛을 받아 탄소동화작용으로 성장한다. 그 성장 속도가 얼마나 빠른지 놀라울 정도다. 어느 정도 자라면 예외 없이 종족 번식을 위해 꽃을 피우고 열매를 맺는다. 이 얼마나 오묘한 자연의 조화인가?"라며 감탄했다.

아내는 작물의 성장을 세심히 관찰해 그 변화 과정을 스마트폰으로 찍어 센터 소장에게 전송했다. 그 정성에 감동 받은 소장은 케이크를 사 들고 우리집을 방문했으며, 식사를 초대하기도 했다. 그러던 어느 날 센터 소장으로부터 전화가 왔다. 주말에 센터에서 관내 어른들을 모시고 위로잔치를 여는데, 야채는 우리 텃밭에서 충당하며, 야채 채취는 인근 국민은행 직원들이 봉사활동으로 담당하기로 했단다. 그날부터 아내는 비상이 걸렸다. 평소보다 더 정성껏 야채를 가꿨으며 방울토마토도 따지 않고 잘 익혔다.

이 일을 어찌하랴! 행사 당일 아침 텃밭에 나갔더니 밤새 도(盜)선생이 방문하여 야채와 토마토를 거의 다 훔쳐가 버렸다. 허탈하고 안타까워하는 아내의 모습을 차마 지켜볼 수가 없었다. 뭐라고 위로할 말도 없었다. 아내가 급히 소장에게 연락했으나 어쩔 도리가 없었다. 할 수 없이 봉사 나온 은행 직원들과 사진만 찍고 야채는 가게에서 구입했다.

나중에 알았는데 다른 텃밭에도 이런 불청객이 수차 방문했단다. 어떤 할머니는 애써 가꾼 작물을 손실당하고 앓아눕기까지 했는데 이를 보다 못한 이웃 텃밭 주인들이 야채를 모아 할머니께 드리며 위로한 적도 있단다. 우리 동네 텃밭은 한없이 평화로운 '무릉도원'인 줄만 알았는데 세상이 참 야속하기만 했다.

지루하던 가뭄도 끝났다. 물을 주지 않아도 작물은 하루가 무섭게 성장했다. 텃밭 주인들은 서로 경쟁이나 하듯이 야채를 가꿨다. 내 손으로 직접 키운 야채가 돈 주고 사 먹는 것보다 얼마나 맛있는지는 텃밭을 가꿔 본 사람만이 알 수 있을 것이다.

센터에서는 야채 수확에는 관심이 없었으며 모든 것을 아내에게 위임했다. 수확한 야채를 감당할 수 없어 수시로 이웃에 나눠 줬으며, 주말에는 가끔 센터 직원들에게도 보냈다. 이웃과 함께한 텃밭 가꾸기는 실로 잊을 수 없는 소중한 추억이었다. 각박한 도시 생활에서 이보다 더 의미 있는 이웃과의 소통이 또 있으랴!

(천료등단 작품, 『수필문학』 2014. 10월호)

비자금

오늘날 가정에서 곳간 열쇠는 어떻게 관리되고 있을까? 아마 크게 두 가지 유형이 있지 않을까 싶다. 남편이 관리하면서 아내가 생활비를 매달 받아 쓰는 경우와 아내가 관리하면서 남편이 필요한 용돈을 수시로 받는 경우이다. 어느 방법이 더 좋은지는 잘 모르겠다. 내 경우는 후자에 속한다. 이는 내가 돈을 쓰는데 대해 아내의 간섭이 심하지 않았기 때문에 가능했을 것 같다.

솔직히 돈 관리보다 더 머리 아픈 일은 없다. 어떤 책에서 보니 장수 비결은 무엇보다 나이 들어 스트레스를 덜 받는 것인데 스트레스가 가장 큰 것이 바로 돈 관리라 했다. 예를 들면 몸에 일억만 지녀도 불안하여 운신을 제대로 할 수 없는 것이 돈이란다. 그 골치 아픈 돈에 신경을 덜 쓰는 나는 분명 장수하지 않을까 싶다.

정년퇴직을 앞둔 무렵이다. 한 선배가 "퇴직 전에 반드시 비자금을 만들어 놓아야 된다."라고 했다. 나와는 상관없는 얘기인 것 같아 흘려들었다. 그런데 몇 번 듣다 보니 지나쳐 들을 얘기가 아닌 듯도 했다. 그렇지만 이제 와서 비자금을 만들 수도 없지 않은가? 이 일을 어찌하면 좋으랴!

비자금 한 푼 없이 퇴직했다. 돈을 쓸 때마다 아내에게 달라고 하는 것이 번거롭고 구속받는 것 같았다. 백수의 자격지심일까? 왠지 미안하기도 했다. 언젠가부터 비자금에 대한 선배의 역설이 옳았다는 생각이 들었다. 어느 날 분위기를 봐서 아내에게 비자금을 갖고 싶다는 말을 슬쩍 꺼냈다. 아내의 반응이 궁금했는데 의외로 내 의견에 쾌히 동의했다. 얼마가 적당할지를 묻기에 깎자고 할지도 몰라 5천만 원이면 되겠다고 했다. 금액에 대해서는 아무 이의도 제기하지 않은 채 나중에 관리가 불편하면 언제라도 얘기하라고만 했다. 거짓말 같지만 결혼 후 나는 은행 문턱도 가지를 않아 예금 찾는 일도 서툴다. 아마도 그것을 걱정하는 것 같았다.

다음 날 은행에 함께 갔다. 4천만 원은 정기예금을 하고, 천만 원은 보통예금을 했다. 아내가 알고 있으니 완전한 비자금이라 할 수는 없다. 그러나 어디에 얼마를 썼으며 잔액이 얼마인지도 모르니 비자금임에는 분명하다. 비자금 아닌 비자금 통장 2개를 받아 쥐니 조금 겸연쩍기도 했다.

요즘은 신용카드 시대다. 소액까지도 카드를 쓰다 보니 현금 쓸 일이 별로 없다. 1년이 지났을 무렵 내 예금통장에서는 미처 백만 원도 빠져나가지를 않았다. 다음 해에도 별 차이가 없었다. 결국

3년째 되는 해에 통장 2개를 모두 자진 반납해 버렸다. 쓰지도 않는 돈을 괜히 통장에 묶어 놓고 사장시키는 것 같았기 때문이다.

얼마간 세월이 흘렀다. 내가 번 돈인데 일일이 달라고 하는 것이 자존심을 상하게 했다. 나는 기사 자격증이 다섯 개 있다. 그중 하나를 관련업체에 적을 두고 비상주 근무를 하며 얼마간의 급여를 받고 있다. 그러니 분명 백수는 아니다. 아내에게 다시 제의했다. 통장을 모두 반납했으니 월급은 매달 현금으로 찾아서 몽땅 나에게 달라고 했다. 비자금인 만큼 어디에 쓰는지는 일체 관심 갖지 않는다는 조건을 붙여 응낙 받았다. 작은 돈이라 생각했는데 웬만큼 써도 매달 잔액이 불어났다. 가끔 의미 있는 목돈도 쓸 수 있게 되었다. 물론 통제 받지 않는 신용카드 덕분이다.

요즘 나는 부자인 양 착각 속에 살고 있다. 가진 것이 없다고 해서 마음까지 가난할 수는 없지 않은가? 집안 행사나 명절 때면 작은 돈이나마 인색하지 않으려고 애를 쓴다. 지인들과 모이면 지갑 열 기회를 살피기도 한다. 모두가 비자금 덕분이다.

(『수필문학』 2017. 5월호)

2부

우리집 꿈동산

- 세상에 뜻대로 안 되는 일
- 그때는 왜 몰랐을까
- 청첩(請牒)
- 첫눈 속에 맞이한 백설공주
- 두 번의 사과
- 천당과 지옥을 오르내린 행운
- 아들의 승진
- 아들과 소통 체험
- 드디어 아들이 장가간대요

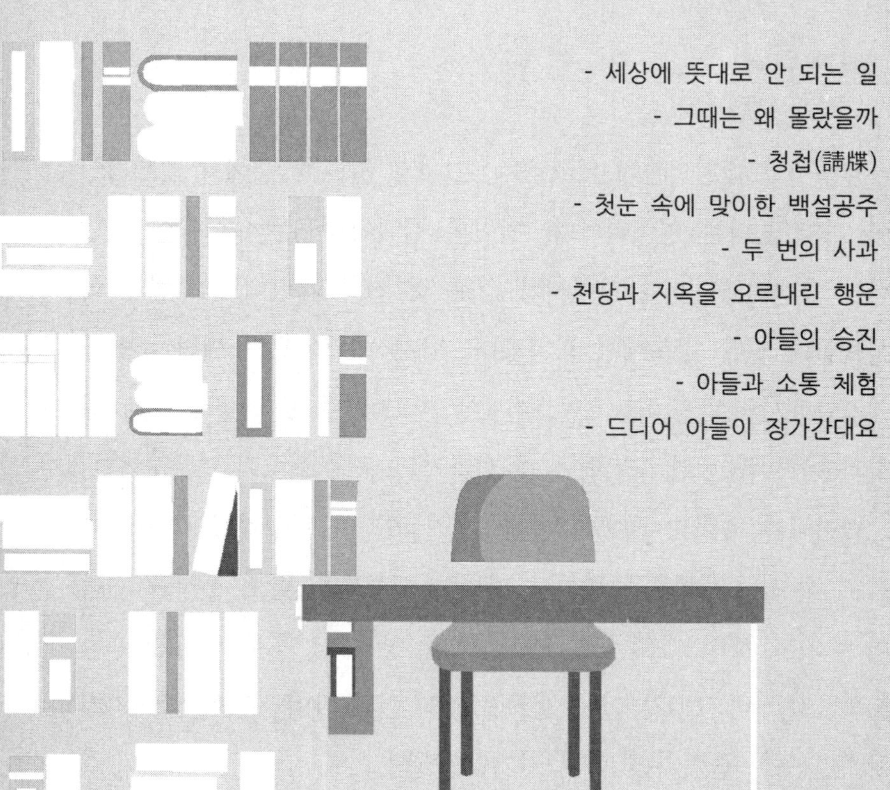

세상에 뜻대로 안 되는 일

딸아이가 대원외고에 합격했다. 그것도 6개 과 중에서 커트라인이 가장 높다는 영어과이다. 영어과 합격자의 70% 이상이 강남 학군 출신이었다. 그 나머지가 강북 및 전국 지방에서 지원한 학생들인데 딸은 강북에서 합격했다. 당시 대원외고는 매년 서울대에 200명 이상 들어갔으며, 전교생 600여 명 중 스카이 3개 대학과 이화여대에만 500명 이상 합격하는 국내 최고의 명문고였다.

딸아이는 중학교 때까지 전교 1, 2등만 하는 수재였다. 학원에서도 수시로 장학금을 받아와 딸아이 이름으로 별도 통장을 만들어 주기도 했다. 고등학교 때는 40만 명 이상 응시한 전국 수능 모의고사에서 100위 안에 들기도 했다. '내 딸이 S대에 들어가지 못하면 누가 들어가랴' 하며 의기양양했다.

그런데 김대중 정부가 들어서면서 교육제도에 대변혁이 일어났다. 대학입시에 반영되는 고교 내신 성적을 상대평가하게 된 것이다. 상대평가를 하게 되면 1등급만 나오던 수재 집단도 1등급부터 최하등급까지 강제배분이 된다. 이토록 중요한 정책을 충분한 유예기간도 없이 시행한다는 것이 말이나 되는가? 이들 학생들에게 죄가 있다면 제도 변경을 사전에 예측하지 못하고 특목고에 들어간 잘못밖에 없다.

특목고에 비상이 걸렸다. 전국 특목고 학부형들이 매일 같이 국회의사당 앞에서 데모를 했으며, 교육부와 청와대에 민원도 제기했다. 아내도 빠지지 않고 참여했다. 하지만 교육 당국에서는 제도의 모순은 인정하면서도 해결책은 내놓지 않았다. 이 일을 어찌하면 좋으랴!

대학 입시철이 되었다. 그 소용돌이 중에도 대원외고에서 S대에 50여 명 합격했다. 이는 내신등급이 우수한 일부 학생도 있었지만 그보다는 학교를 자퇴하여 검정고시로 내신등급을 잘 받은 학생이 상당히 많았다. 검정고시생은 전체 응시생을 대상으로 성적에 따라 내신등급이 정해지기 때문에 수재들은 거의가 1등급을 받을 수 있었기 때문이다.

실은 우리도 자퇴 생각을 했었다. 하지만 '대원외고 영어과'라는 간판이 아까워 혹시나 제도가 바뀔 수도 있다는 기대감을 버리지 못하고 끝까지 버티었다. 그런데 자퇴 시한 3일을 앞두고 대원외고에서 전격적으로 임시휴교 조치를 내리고 교문을 폐쇄했다. 학교 측 입장에서는 대량 자퇴가 발생할 경우 학교의 존폐가 걸린

긴박한 상황이라 아무도 이를 탓할 수 없었다. 자퇴마저 할 수 없는 상황이 되어 버렸다.

대원외고는 워낙 우수생들의 집단이라 내신 성적 관리를 누구도 장담할 수 없었다. 교내 시험에서 한 문제만 틀려도 수십 등 석차가 오르내렸으니 말이다. 딸의 내신등급은 S대를 지원할 수 있는 경계 선상을 오르내렸다. 모험 지원을 할 수는 없었다. 고심 끝에 K대 영문과를 지원했다. 수능 성적이 높아 우수한 성적으로 합격했다. 합격통지를 받던 날 아내와 딸은 억울함을 참지 못해 얼싸안고 울음을 터트렸다. 남들은 스카이 대학에 들어가지 못해 야단이라 누구에게 심정을 표현할 수도 없었다.

대원외고에 합격했을 때는 마치 무엇인가를 다 이룬 기분이었다. 그때 대원외고에 합격하지 못해 일반고에 지원한 딸아이의 친구는 내신등급을 잘 받아 S대에 들어갔다. 전화위복이 된 셈이다. 그 소식을 전해 들은 우리는 딸아이도 차라리 대원외고에 합격하지 말았더라면 하는 생각이 들었다. 대원외고에서 임시휴교 조치를 하기 전에 자퇴시키지 못한 것을 다시 자책하기도 했다.

20년 세월이 흘렀다. 생사의 갈림길이라도 되는 양 심각했던 일들이 꿈속의 일인 듯싶다. 명문대가 전부인 양 자식을 키운 것이 후회되었다. '세상에 뜻대로 되지 않는 것이 자식 일'이라 했던가?

(2019. 10)

그때는 왜 몰랐을까

딸아이가 고려대 3학년 때이다. 청년무역인 양성책으로 무역협회와 산자부 주관으로 '6개월 해외 연수 국비장학생'을 모집했다. 전국 대학생을 대상으로 50명 선발 시험에 딸이 당당히 합격했다. 대한무역투자진흥공사(KOTRA) 싱가포르 본부에 배치 받았는데 직장 분위기에 무척 매료되었다. 연수를 마친 후 그동안 돌봐 준 본부장을 찾아가 졸업 후 코트라에 입사하고 싶다는 내심을 밝혔다. 열심히 해 보라는 격려를 안고 귀국했다.

당시 코트라는 고시를 합격하지 못한 인문계 대학생들이 가장 선호하는 선망의 직장이었다. 하지만 딸의 코트라 입사 지원은 누가 봐도 무모한 도전이었다. 채용시험이 반년도 채 남지 않았는데 딸은 전공이 영문학이라 몇 과목을 추가로 독학해야 하는 상황이었다. 그런데도 딸은 뜻을 굽히지 않고 두문불출 책과 싸웠다. 그 결과 20명 채용에 8천여 명이 응시한 1차 시험에서 24등을 한 후, 외국인과 영어회화 등 치열한 세 차례의 면접 끝에 최종 합격 통지를 받았다.

딸이 공부에 몰입할 즈음 어느 날 아내가 나를 질책했다. "가능성도 없는 시험인 줄 알면서 어찌 그리도 무관심하게 지켜만 보느냐?"며 불합격을 대비해 타 기업체의 채용정보라도 좀 알아보라고 했다. 듣고 보니 틀린 말이 아니었다. 공기업 채용정보를 파악해 보니 다행히 코트라 시험 직후에 한국전력 자회사인 S발전(주) 채용시험이 있어 원서를 내게 하였다. 딸은 행정직 5명 공채에 700여 명이 응시한 이 시험에도 합격했다. 두 직장에 동시 합격한 것이다. 졸업을 앞둔 대학생들에게 취업보다 더 중요한 일은 없을 것이다. 참으로 행복한 고민임이 분명하였지만 둘 중 한 곳을 선택해야만 하는 기로에 처했다.

딸은 당연히 코트라에 가겠다고 했다. 어느 날 아내가 코트라 현직 부장인 친구의 남편을 찾아가 조언을 구했다. 그분은 "내 딸 같으면 코트라에 보내지 않겠다. 남자 직장으로는 최고라 할 수 있으나 여성 직장으로는 솔직히 어려움이 많다. 해외 지사가 100여 곳이나 되다 보니 의무적으로 3년마다 3년씩 무조건 해외 근무를 해야 한다. 여자 몸으로 가족을 두고 평생 반복해 해외 근무를 나가는 것은 여간 고충이 아니다. 그래서 결혼하면 많은 사람들이 사표를 내며, 독신자도 많다."고 했다. 기쁨도 잠시, 우리는 심각한 고민에 빠졌다. 아무리 좋은 직장인들 몇 년 다니다가 사표를 내야 한다면 무슨 의미가 있겠는가? 독신자가 많다는 말에 아내는 더욱 충격을 받은 것 같았다. 우리는 딸에게 몇 차례 그분의 얘기를 전하며 선택을 바꾸라고 종용했지만 막무가내였다.

하루는 부부가 딸아이를 불러 앉혀 놓고 작심하고 말했다. "인생을 살아도 우리가 더 살았다. 제발 고집부리지 말고 부모 말을 좀 들어라."며 코트라 입사 포기를 강요했다. 딸은 그날 밤 우리 몰래 싱가포르 본부장께 메일로 조언을 구했다. 부모님 말씀을 따르는 것이 좋겠다는 회신이 왔다. 그제야 딸은 "어떻게 공부하여 합격했는데요."라며 코트라에 눈물 젖은 포기각서를 보냈다.

며칠 후 딸이 S발전 신입사원 워크숍에 갔다. 함께 합격한 입사자들이 모두 스카이 대학 출신이었는데 전부 이중 합격 후 타 회사로 갔음을 알게 되었다. 자기도 사표를 내겠다고 생떼를 부렸다. 코트라를 포기하기 전이라면 몰라도 이제 와서 어쩌자는 것인가! 아내는 친구 남편 찾아간 일을 몹시 후회하였으며, 부부가 만류하느라 진땀을 뺐다.

몇 년 후 노무현 정부가 출범해 공기업의 지방분산 정책이 발표되었다. 설마 하였던 정책이 현실이 된 것이다. S발전 본사도 충남 서해안으로 이전했으며, 딸은 연고도 없는 지방으로 이사를 갔다. 실로 상상도 하지 못한 일이었다. 아내는 차마 말은 하지 못하고 속으로만 딸에게 미안해하였다. 그렇지만 나는 초지일관 그때의 선택이 옳았다고 주장했다. 그 후 딸은 실로 쉽지 않은 간부시험 첫 도전에 합격했으며, 현재 차장으로 근무 중이다. 다행히 지금은 그때의 선택을 후회하지 않으며, 무리하게 강요한 부모를 원망하지도 않는다.

딸과 함께한 세월이 40년이다. 그동안 받은 기쁨 한량없으나 해준 것은 별로 없다. 미지의 인생길, 어느 길이 더 나은지는 아무도 모른다. 하지만 "최종 판단은 네가 알아서 하라."고 그 한마디를 하지 못한 아쉬움은 두고두고 마음속에 남아 있다. 부모가 자식 인생을 좌지우지해서는 안 된다는 사실을 그때는 왜 몰랐을까?

(2019. 10)

청첩(請牒)

그리도 애타게 고대하던 딸이 결혼을 하게 되었다. 서른여덟을 넘기지 않으려고 연말에 급히 날을 잡았다. 자식 결혼식에는 안부모만 바쁘다던 말이 실감났다. 아내는 무엇부터 해야 할지 몰라 정신이 없는데 나는 할 일이 별로 없어 도리어 고민이었다. 그러던 중 청첩 업무를 전담하게 되었다.

지인들의 주소를 정리하여 청첩장을 보내는 일이 생각보다 쉽지 않았다. 가장 큰 어려움은 청첩장을 보낼지 말지를 결정하는 일이었다. 그동안 청첩장을 받아 보니 '나라면 보내지 않았을 텐데' 하는 사람으로부터 종종 청첩장이 오는 경우가 있었다. 그래도 나를 기억하고 보냈는데 싶어 부조를 하지 않을 수도 없어 스트레스가 되었다. 그러한 심적 부담을 '나도 남에게 주는 것은 아닐까' 하는 염려 때문이었다.

미리 혼사를 치러본 몇몇 지인들의 고언이 있었다. "해도 욕먹고 하지 않아도 욕먹는 것이 자식 혼사의 청첩이다. 애매한 곳은 너무 고민하지 말고 일단 보내라. 청첩은 이쪽의 도리요, 축의 여부는 상대가 판단할 몫이다."라고 했다. 먼저 겪은 경험담이라 참고는 되었지만 확신은 가지 않았다. 아무리 재직 시절 몇 번 부조를 했던 선배 분들이라 해도 은퇴하고 나이 드신 분들께는 청첩장을 보낼 용기가 나지 않았다. '연락도 하지 않더니 고지서를 보냈네?' 하고 생각하지는 않을까 걱정도 되었다. 과거에 내가 한 축의를 기억하지 못할 수도 있을 것이다. 혼사가 늦은 내 탓으로 돌리고 최대한 자제하기로 마음먹었다.

그렇게 했음에도 불구하고 지나고 보니 연락이 없는 몇몇 분은 청첩장을 보내지 않았으면 좋았을 텐데 하는 아쉬움이 남았다. 그와는 반대로 마땅히 알렸어야 할 사람인데도 미처 챙기지 못해 누락한 사람도 여럿 있었다. 그분들 중에 몇 분은 어떻게 알았는지 결혼식장에 모습을 나타내었으며, 축하 전화와 함께 축의금을 보내온 분도 있었다. 어떤 분은 시일이 한참 지난 후에 전화하여 "어떻게 그럴 수 있느냐?"며 서운함을 토로한 후 축의금을 보내기도 했다. 참으로 많은 감동을 받았다.

누구나 '그 사람은 내 혼사에 반드시 참석하리라.' 기대하는 사람이 있을 것이다. 그와의 지나온 인간관계가 그럴 만하기 때문일 것이다. 나 또한 그랬다. 그런데 그분들 중에 청첩을 했음에도 아무 소식이 없는 사람도 있었으며, 개중에는 최근에 내가 축의를 한 사람도 있었다. 왜 그럴까 하는 생각으로 한동안 마음이 편치 못했다. 모빌 청첩장으로 보내 수신을 확인한 사람들이기에 송달 착오도 아니다. 그렇다고 연락해 물어볼 수도 없다. 애경사를 겪어 봐야 인간관계가 정리된다는 누군가의 말이 생각났다. 모두가 나의 부족함 탓이라 생각하니 마음이 편해졌다.

자녀 결혼은 현직에 있을 때 시키라는 말이 있다. 주위 사람들로부터 너무 기대하지 말라는 말도 수차 들었다. 늦은 나이에 결혼시키는 것만도 축복받을 일이라 생각하며 마음을 비웠다. 그러다 보니 하객 식사 인원을 부족하게 예측했다. 500명을 예약했는데 180명이나 초과된 것이다. 다행히 식당이 호텔과 연계된 업체라 음식 공급에는 차질이 없었다. 화환도 몇 개나 들어올까 은근히 걱정했는데 기대 이상으로 16개나 들어왔다. 식을 마치고 돌아오는 차 안에서 "당신 인생 잘 살았네요."라는 아내의 말 한마디에 그동안의 피로가 일시에 녹아내렸다.

그간 지인들의 결혼식에 축의금만 보내고 참석하지 않는 경우가 많았다. 나는 개혼도 하지 못했는데 십년 이상 후배들의 혼사가 줄을 잇고 있으니 어찌 참석하여 축하할 기분이 났겠는가? 이제부터는 받은 은혜에 보답하는 마음으로 부지런히 찾아다니려 한다. 형편상 참석하지 못할 경우에는 축의금과 함께 진정성 있는 축하 문자를 보낼 것이다. 이번에 그런 문자 받아 보고 깊이 느꼈다.

결혼 시즌이 되면 청첩장이 봇물을 이룬다. 보내는 입장에서는 각자 생애 최고의 경사일 것이다. 자식 혼사를 시켜 보기 전에는 인생을 논하지 말라고 했던가? 칠십을 바라보는 나이에 이제야 나도 어른이 된 기분이다. 딸아이가 알콩달콩 행복하게 살아 주었으면 하는 마음 간절할 따름이다.

(『수필문학』 2017. 5월호)

첫눈 속에 맞이한 백설공주

세상을 살면서 기쁜 일도 많겠으나 이보다 더 기쁜 일이 또 있으랴! 늦게 출가한 딸이 마흔에 그토록 기다리던 첫 아이를 낳았다. 고희를 몇 달 앞둔 나에게는 첫 손주이다.

출산을 위해 휴직을 내고 우리집에 온 지 3일째였다. 예정일이 2주나 남아 느긋했는데 이른 새벽 갑자기 산기가 돌았다. 황급히 차를 몰아 입원을 시키고 나니 창밖에 첫눈이 펑펑 쏟아졌다. 9cm나 되는 눈으로 37년 만에 가장 많이 내린 첫눈이란다. 나이 든 산모의 초산이라 걱정이 많았는데 14시간의 고통을 참으며 순산을 했다. 모성애는 강하다는 말이 실감났다. 성이 백(白)씨고, 첫눈 속에 맞은 여아(女兒)이니 백설공주(白雪公主)가 분명하지 않은가?

손주 자랑을 하려면 돈을 내놓고 하라는 말이 있다. 실제 그렇게 하는 사람도 종종 있다. 손주 재롱이 얼마나 귀엽고 신기하면 그러할까! 나도 한때 손주 자랑이 식상할 때가 있었다. 나이 더 먹은 나는 자식 출가도 시키지 못했는데 어찌 마냥 들어 줄 수가 있었겠는가. 간사한 것이 인간의 마음이던가? 누가 어떤 손주 자랑을 해도 지금은 다 들어줄 수 있을 것만 같다.

아픈 얘기와 늙는 얘기 그리고 손주 자랑은 피해야 할 글감이라지만 오늘은 몇 줄 적지 않을 수가 없다. 자랑이 아니라 지금의 솔직한 내 심경이다. 그동안 재롱부리는 손주 손을 잡고 다니는 어른들이 얼마나 부러웠는지 모른다. 무수한 글감이 쏟아져 나올 것만 같아 앞으로 그 금기를 과연 지킬 수 있을지 모르겠다.

결혼 후 1년이 지나도록 애기가 들어서지 않아 노심초사하던 아내가 이제야 한숨을 돌리는 듯했다. 이를 지켜보는 나 또한 요즘은 살맛이 난다. 이토록 새로운 활력을 찾게 해 준 딸아이가 참으로 고맙고 대견하다. 50여 년 전 어머니가 첫손자를 보고 나서 그토록 기뻐하시던 모습이 눈에 선하다. 그때의 어머니 심경을 이제야 알 듯하다.

산후조리원에 있는 딸과 사위가 수시로 애기의 사진을 보내온다. '베베캠'이라는 앱을 다운 받으니 CCTV에 의한 애기의 동영상도 볼 수 있다. 태어난 지 일주밖에 지나지 않았는데 어쩌면 이렇게도 이목구비가 곱고 선명한지 모르겠다. 때로는 웃는 것 같기도 하고, 눈을 맞춰 주는 것 같기도 하다. 예전에 우리 아이들을 키울 때도 그랬던가 싶다. 참으로 신비롭기 그지없으며, 남들에게 보이고 싶은 충동마저 느낀다. 아내는 사진과 동영상에 몰입하여 잠시도 눈을 떼지 못한다. 어쩌다 애기가 눈이라도 깜박하면 신기하여 어쩔 줄을 몰라 한다. 나도 동영상을 앞에 놓고 수시로 보면서 자판을 두드린다. 아이가 자란 후 이 글을 읽으리라 생각하니 가슴이 뛴다.

아내가 외조부 자격으로 아이 이름을 지어 보라고 했다. 고심 끝에 백설주(白雪珠)라 지었다. 백설공주(白雪公主)에서 '공'자를 빼고, 주(主)는 구슬 주(珠)로 바꾼 것이다. 흰 눈과 같이 순수하고, 진주처럼 초롱초롱 빛나게 자랐으면 하는 마음에서다. 이설주와 이름이 같다 하여 선택되지는 못했지만 내 마음속에는 이미 '백설공주'로 자리매김하였다.

1년 후 딸이 복직할 무렵이면 아장아장 걸을 수 있겠지? 1년이 빨리 흘렀으면 하는 조바심마저 느낀다. 어려서는 온갖 재롱 다 부리고, 자라면서 집안에 웃음꽃 활짝 피우리라. 상상만 해도 가슴이 뛴다. 내 아무리 사랑을 준다 한들 받는 기쁨에 어찌 비하랴!

(월드코리안 신문 2018.12)

두 번의 사과

나는 어린 아들에게 사과를 하지 않을 수 없었다. 그것도 한 번이 아니라 두 번이다. 두 번 모두 변명 한마디 하지 못하고 무조건 사과를 했다. 긴 세월이 흘렀지만 지금 생각해도 어이가 없다.

첫 사과는 아들이 초등학교 3학년 때이다. 아파트 옆 동에 같은 반 학생이 살고 있었다. 그 아이의 부모가 이혼을 하여 새엄마가 들어왔다. 그 때문인지는 몰라도 아무데나 낙서를 하고, 친구들과 싸움질도 심했으며, 엘리베이터 안에 오줌을 누기도 했다. 그래서 모두 문제아로 취급해 기피하는 아이였다. 그런데 그 아이가 아들 방으로 자꾸만 찾아왔다. 아내는 그 아이를 못 오게 할 수도 없고 어떻게 해야 할지 몰라 혼자 고민이 많았다. 내게 말은 하지 않았지만 어떻게 하다 보니 나도 알게 되었다.

하루는 고심 끝에 아내 몰래 아들에게 얘기했다. "이러이러한 아이라고 하니 자주 어울리지 않았으면 좋겠다."라고 조심스럽게 말했다. 그러자 아들은 그 말이 떨어지기 바쁘게 "아버지, 저도 걔가 그렇다는 것을 알고 있어요. 그렇지만 저한테 어떻게 그런 말을 할 수 있어요? 나까지 멀리하면 걔는 어떻게 해요? 계속 같이 놀지는 않을 테니 그냥 지켜봐 주세요."라고 정색하며 반박했다. 그 순간 나는 고개를 들 수가 없었다. 잘못을 인정하고 솔직하게 사과했다.

두 번째 사과는 그보다 한두 해쯤 후다. 주말이 되어 아들과 둘이 집 근처 아차산으로 등산을 갔다. 산 중턱을 오르는데 아들의 같은 반 친구와 마주치게 되었다. 그 아이가 아들과 반갑다며 인사를 나눈 후 지나가자 내가 곧바로 "쟤 공부 잘하니?" 하고 무심코 물었다. 아들이 어이없다는 듯이 정색하며 또 나를 질책했다. "아버지의 말을 쟤가 들었을 것 같은데, 그렇게 말하면 어떻게 해요? 쟤가 공부를 잘하니 다행이기는 하지만 그렇지 못했다면 어쩔 뻔했어요? 공부가 다가 아니잖아요?" 그때도 나는 깍듯이 사과하지 않을 수 없었다. 너무도 지당한 말이라 무어라고 한마디 변명할 여지도 없지 않은가?

세월이 흘러 아들이 해병대를 제대한 직후였다. 집밖이 왁자지껄하여 뛰쳐나갔다. 아파트 정문 앞 건널목에서 교통사고가 났는데 많은 사람들 중심에 아들이 서 있었다. 혹시 사고에 연루되었나 싶어 가슴이 철렁했다. 어떻게 된 것이냐고 걱정스레 물었더니 사고 순간을 처음부터 목격했다며 아들이 상세히 설명해 주었다.

그 내용을 요약하면, 외제 승용차가 자장면 배달원의 오토바이를 들이받았다. 귀공자 같으면서도 조폭처럼 생긴 두 젊은 가해자가 차에서 내리더니 배달원이 운전을 잘못했다며 발로 차는 등 폭행을 가했다. 건널목에서 대기하던 많은 목격자들이 이를 보고도 가해자가 무서워 아무도 만류하지 않았다. 혈기 왕성한 해병대 출신 아들이 도저히 지나칠 수 없어 "사고의 경위는 잘 모르겠습니다만 쓰러진 사람을 발로 차면 어떻게 합니까?"라며 제재하고 나섰다. 순간 두 젊은이가 "야 이 새끼 너는 뭐야?"라며 양쪽에서 막아섰다. 가격 당하려는 일촉즉발의 위협에 직면했던 것이다. 도망갈 수도 없고 그렇다고 남의 일에 2대 1로 위험을 무릅쓰고 싸울 수도 없었다. 참으로 난감하고 절박한 위기의 순간이었다. 그때 누군가의 신고로 경찰차가 도착해 위기를 모면했다. 이를 지켜보며 걱정하던 많은 목격자들이 와! 하며 안도의 손뼉을 쳤다는 것이다.

가슴 조이며 듣던 내가 "왜 쓸데없이 무모하게 나섰느냐?"라고 말을 하려다가 입을 꽉 다물어 버렸다. 그렇게 말했다가는 또 무슨 말을 한방 얻어맞을 것 같았기 때문이다. 그런데 아들이 먼저 "괜히 무모하게 나섰다가 큰일을 당할 뻔했어요. 제가 좀 더 침착하게 요령껏 만류했어야 하는데 정의감에 불타 너무 직설적으로 나선 것 같아요."라고 했다.

내가 먼저 충고하거나 잔소리하지 않은 것을 다행으로 생각하며 안도의 숨을 삼켰다. 스스로 인정하며 자성하는 말까지 들었으니 말이다. 지난날 두 번이나 사과했던 값진 경험 덕분이다. '팔십 노인이 세 살 아이에게 배운다.'는 옛말이 실로 나를 두고 한 말이 아닌가 싶었다.

(월드코리안 신문 2018. 12)

천당과 지옥을 오르내린 행운

아들은 IQ 156으로 멘사 시험에도 합격한 수재다. 초등학교 5학년 때는 전국 산수경시대회에서 9등을 할 정도로 특히 수학을 좋아했다. 포항공대 수학과를 졸업 후 지금은 KB금융그룹 본점 과장으로 근무하고 있다. 마치 자식 자랑하는 것 같으나 절대 그것은 아니다. 난들 왜 팔불출이 되고 싶겠나? 우리 부부만큼 자식으로 절망해 본 사람도 없을 것이다.

아들이 매년 서울대에 200명씩 들어가는 대원외고에 합격했다. 전해에 딸이 입학하고 금년 아들까지 들어가자 아내는 학교 정문 앞으로 이사를 가자고 했다. 우리 집에서 버스로 10분 거리인 학교라 반대하고 싶었지만 이미 전셋집까지 물색해 놓은 터라 어쩔 도리가 없었다.

합격의 기쁨도 잠시, 아들은 2학년 중반부터 컴퓨터게임에 중독

되었다. 게임중독이 얼마나 무서운지는 겪어보지 않은 사람은 상상도 할 수 없을 것이다. 그 좋은 머리로 졸업 때 내신 성적이 57명중 56등이었으니 더 말해 무엇 하겠는가. 매일같이 학원에 간다고 나가서는 오락실에 있다가 학원 종료 시간에 맞춰 귀가했다. 우리는 그 사실을 알면서도 탈선할까 두려워 모른 척했다. 수십만 원 학원비를 반년 이상 내면서 애간장만 태웠다. 어느 날 아들이 학원비가 아까웠는지 독서실에서 혼자 공부하겠다고 하였다. 혹시나 변화가 있을까 기대하며 독서실을 예약했다. 독서실 주인과 매일 연락을 취하며 동태를 감시했으나 수개월간 독서실에는 단 하루도 가지 않았다.

어느덧 3학년이 되었다. 더 이상 참을 수 없어 정면 대결을 하기로 결심하고 부부가 밤마다 오락실을 찾아다니며 납치해 왔다. 그러자 아들은 반경을 넓혀 더 먼 곳으로 진출했다. 이제는 망망대해라 도저히 찾을 수 없게 되어버렸다. 아들은 노골적으로 오락실을 드나들었다. 아내는 늦게 잠든 아들을 깨워 등교시키느라 지쳐만 갔다. 학교 정문 앞에서 매일같이 지각하니 기가 찰 노릇이다. 연속되는 지각과 졸음 수업으로 담임의 경고 전화가 계속되더니 급기야 최후통첩이 왔다. 수업 분위기를 해치는 것만은 묵과할 수 없다며 전학을 시키라는 것이다. 조금만 더 지켜봐 달라는 아내의 애원으로 겨우 전학을 연기시켰다.

중학 때까지는 담임을 찾아가면 전교에서 제일 머리 좋은 학생이라는 칭찬을 들으며 교장실로 안내받아 차를 대접받던 아내였다.

이제는 담임 선생님 앞에 죄인이 되어 얼굴조차 들 수 없는 처지가 되었다. '내 자식이 S대에 못 가면 누가 가랴' 하던 배짱은 간 곳이 없다. 지방대라도 갈 수 있을까 하다가 전문대라도 갈 수 있었으면 하게 되었다. 그 심정도 모르는 아들은 말만 하면 반항이다. 주먹으로 벽을 쳐서 뚫고, 형광등을 부수는가 하면, 대문을 발로 차서 망가뜨리기도 했다. 대학은 고사하고 사람 노릇이라도 할 수 있을까를 걱정했으며, 무자식이 상팔자라는 말도 서슴없이 하기에 이르렀다.

한번은 훈계하는 아내를 밀쳐 바닥에 넘어뜨렸다. 충격을 주면 변화가 있을까 싶어 아내를 입원시켰다. 아들은 미안함은 고사하고 관심도 보이지 않았다. 할 수 없이 이틀 만에 퇴원했다. 하루는 아들이 눈이 아프다며 안과에 가야겠다고 했다. 아내는 기회다 싶어 안과에 예약 후 의사 선생님을 미리 찾아갔다. 아들의 게임중독 상태를 얘기 후 "게임을 자제하지 않으면 실명이 될 수 있다고 겁을 좀 줘 달라"고 부탁했다. 의사는 양심상 그렇게 말할 수는 없다며 주의만 줬다. 효과가 있을 리 만무했다.

당시 나는 지방 근무로 주말에만 귀가해 그 심각성을 다 알지 못했다. 아내가 혼자 감내하며 극히 일부만 얘기해 줬기 때문이다. 급기야 아내가 더 이상 버티기 어려운 상황에 이르렀다. 내가 적극 나서기로 마음먹고, 구구절절 편지를 써서 하소연해 보기로 했다. 일주간 고심하여 장문의 편지를 썼다. 아내에게 사전 귀띔해 주고 등기로 보냈다. 주말에 긴장된 마음으로 귀가하니 아내가 내 손을 잡고 아들 방으로 안내했다. 책상 위에는 뜯지도 않은 편지가 그대로 놓여 있었다. "아빠 오시기 전에 읽어 보고 무슨 말이든 한마디 하라"고 수차 얘기했으나 끝내 거들떠보지도 않았단다. 허탈감을 감당할 수 없어 집을 뛰쳐나갔다. 무작정 골목길을 걷는데 목공소가 보였다. 안으로 들어가 방망이 2개를 다듬어서 샀다. 집으로 돌아와 "이번 기회에 매로 한번 다스려볼 테니 절대 만류하지 말라"고 했다. 의외로 아내도 동의했다.

저녁에 아들이 들어오자 문을 닫고 엎드리게 한 후 소리쳐 문초를 시작했다. 도망가거나 반항할까 두려웠는데 순순히 응했다. 한 대, 두 대 때리기 시작했으나 아들은 죽여 보라는 듯이 묵묵부답이었다. 그것이 나를 더욱 화나게 했다. 중단할 명분을 찾지 못한 나는 점점 세게 때렸다. 문밖에서 노심초사 지켜보던 아내가 급기야 "차라리 나를 죽이라"고 소리치며 들어왔다. 정신을 차린 나는 탄성을 지르며 문밖으로 뛰쳐나갔다. 골목을 헤매다가 어느 선술집에 들어갔다. 얼마를 마셨는지 정신이 혼미할 즈음 전화벨이 울렸다. 빨리 들어오라는 아내의 목소리가 다급했다. 황급히 달려오니 울고 있던 아내가 아들 방으로 안내했다. 이불을 들치니 잠든 아들의 온몸이 피멍으로 처참했다. 평생 처음 들어본 매였는데 참으로 후회막급이었다.

어느덧 3학년 2학기가 되어 입시가 코앞에 다가왔다. 아들도 심각성을 아는 듯했으나 너무 오랫동안 방치한 공부가 잘될 리 없었다. 중압감을 이기지 못한 아들은 급기야 가출을 하고 말았다. 이 일을 어찌하면 좋으랴! 도저히 가출 신고를 할 엄두가 나지 않았다. 우리 부부는 밤새도록 미친 듯이 거리를 헤매고 다녔다. 생지옥 같은 긴 밤이었다.

그런데 세상에 어찌 이런 일이, 갈 곳을 몰라 헤매던 아들이 서울역 노숙자 속에 누워 있다가 의인을 만났다. 몇 차례 고시에 낙방 후 뜻을 접고 동아건설에 갓 입사한 젊은이였다. 시골에서 야간열차로 올라와 새벽 2시 서울역 대합실을 지나는데 노숙자 속에서 머리 깎은 학생을 발견했다. 지나쳐 가다가 돌아와 말을 붙이니 대원외고 3학년 학생이었다. 설득을 거듭해 자기 숙소로 데려갔다. 본인이 살아온 과거사 얘기 등 대화를 시도한 끝에 새벽녘에 아들로부터 "게임으로 학업을 방치했는데 지금부터 열심히 공부해 좋은 대학에 합격 후 다시 찾아오겠다."는 말을 듣게 된다.

다음 날 젊은이가 아들의 귀가를 확인키 위해 우리 집으로 전화를 했다. 아내에게 앞으로 아들과 소통하며 마음잡고 공부하도록 돕겠다며 아들에게는 비밀로 해달라고 했다. 그야말로 구세주를 만난 것이다.

아들은 그 후 4개월을 독하게 공부해 수능점수 380점을 받았다. 당시 서울대 모든 과를 갈 수 있을 정도의 높은 점수였다. 아무리 머리가 좋기로서니 어찌 이럴 수가 있단 말인가! 실로 믿어지지 않았다. 그러나 기쁨도 잠시, 난관이 생겼다. 대학입시에 고교 내신 성적이 반영되는 제도가 지난해부터 도입되고 있었기 때문이다. 아들은 내신등급이 최하위라 명문대는 무조건 원서를 낼 수 없는 처지였다. 시름이 깊어 가던 중 기쁜 소식이 들렸다. 포항공대가 특목고에 한해 내신등급을 수능점수로 환산해 적용한다는 입시요강을 발표했다. 이는 내신등급 강제배분의 모순으로 피해보는 인재를 확보하겠다는 파격적 조치였다. 내신 1등급이 된 아들은 포항공대에 우수한 성적으로 합격했다.

국무총리실에 고위직으로 근무하는 친구 부부와 식사를 하게 되었다. 젊은 의인을 만난 아들 얘기를 했더니 "총리실과 중앙일보가 합동으로 매달 1건씩 사회적 미담 사례를 발굴하여 신문에 게재하는데, 이야말로 최고의 미담 사례 같다."며 제보를 하였다. 며칠 후 중앙일보 기자가 찾아와 아들과 아내를 인터뷰해 사진과 함께 신문 양면에 대서특필됐다. 그러자 방송 3사가 그 기사를 보고 출연을 제의해 왔다. 아내는 부모를 힘들게 하였다는 자식 흉을 신문에 내어 만천하에 알린 것도 부끄러운데 방송에까지 나가서 떠들기는 싫다며 끝내 거절했다.

어느 날 그 은인으로부터 식사 대접을 하고 싶다는 전화가 왔다. 일전 그분 결혼식에 아내와 아들이 참석했는데 답례로 그러는가 보다 생각하며 두 모자가 나갔다. 그런데 식사 자리에서 의외의 반가운 소식을 들었다. 지난번 신문기사를 보고 감동받은 직장 회장님이 "자랑스러운 이 직원에게 최고의 상을 내리라"고 지시해 연말에 대상을 받았다는 것이다. 우리 덕분이라며 식사 초대를 한 것이었다. 아내는 이토록 맛있는 식사는 평생 처음이라며 자랑을 늘어놓았다.

대학 첫 여름방학이었다. 아들이 "음성 꽃동네에 들러 일 주간 봉사활동을 한 후 귀가하겠다."는 전화를 했다. 일주일이 지나도 소식이 없어 부부가 찾아 내려갔다. 일주일을 계획했으나 자기 도움을 필요로 하는 사람들이 많아 차마 떠날 수 없다며 며칠만 더 있겠다고 한다. 할 수 없이 우리만 올라왔는데 아들은 황금 같은 방학을 3주나 봉사한 후 귀가했다.

2학년 종강 날이었다. 아들이 예고 없이 보따리를 싸 들고 귀가했다. 입대를 위해 휴학을 했고, 그동안 너무 철없이 살아서 해병대에 입대, 극한 상황을 체험하고 싶다고 했다. 해병대가 어떤 곳인지 알기나 하느냐며 만류했으나 막무가내였다. 당시 해병대는 매달 지원자를 모집했는데 비율이 5대 1이 넘어 쉽지가 않았다. 컴퓨터그래픽과 워드프로세서 자격증을 따고, 포항공대학장 추천서를 첨부하는 등 노력 끝에 입대하게 되었다.

입대를 앞두고 하루는 "백령도에는 배치되지 말아야 할 텐데" 하는 아들의 독백을 우연히 엿듣게 되었다. 해병대는 포항, 김포, 백령도 3개 부대가 있으며, 당시 백령도는 남북한 NNL 관계로 초긴장 상태였다. 걱정의 나날을 보내던 중 한 지인의 동생이 육군본부 인사 담당 고위 장교임을 알게 되었다. 아들에게 후배 얘기를 하며 "연고가 포항이니 포항 배치를 받도록 부탁해 보겠다."고 했다. 아들은 즉시 정색하며 "만약 그런 청탁하시면 당장 탈영해 버리겠다."고 단호하게 말했다. 놀란 나는 절대 그러지 않겠다고 약속했으며, 아들은 컴퓨터 추첨 결과 백령도에 배치되었다.

입대하던 날 비상금 한 푼도 지니고 가지 않겠다는 아들을 설득해 겨우 10만 원을 접어서 옷 속에 넣어 줬는데 3년 후 제대할 때 그대로 갖고 나왔다. 복무 중 면회를 일체 거절해 2년이 지나서야 백령도 구경을 하고 싶다는 명목으로 겨우 한 번 다녀왔다. 그 고된 초병 시절 모두가 선호하는 부대 본부 행정 요원으로 발탁되었으나 해병대 지원 목적을 생각하여 끝내 거절했다.

신병 시절 고약한 고참병 하나가 구타를 일삼았는데 아들은 명문대를 다닌다는 이유만으로 특히 표적이 되었다. 심한 구타로 병원에 입원한 적도 있으며, 손등에는 담뱃불로 지진 흉터가 지금도 큼지막이 남아 있다. 그 고참병의 제대 날이 가까워 오자 아들은 그냥 보낼 수 없었단다. 기억에 남을 선물을 하나 해주고 싶어 손목시계를 사 보내 달라고 집으로 전화가 왔다. 이유를 모르는 우리는 당연히 상사께 하는 선물이려니 하여 괜찮은 제품으로 사서 보내기도 했다.

아들이 제대한 날은 유난히도 추운 겨울밤이었다. 아들은 "백령도에 남아 고생하는 병사들을 생각하니 잠이 오지 않는다."며 간식을 사 보내고 싶다 하였다. 아침 일찍 아들과 함께 백화점에 가서 과자 등을 한 박스 가득 채워 택배로 보냈다. 그 감동적이던 순간은 지금 생각해도 가슴이 찡하다. '이것이 바로 해병대 정신이구나.' 하는 생각이 들었다.

가만히 눈을 감고 지난날을 회상해 본다. 아들 얘기 다 쓰려면 책 한 권으로도 모자랄 것이다. 그 명석한 머리에 게임만 아니었더라면 지금쯤 더 큰 길을 걸을 텐데 하는 마음 안타깝기 그지없다. 그러나 가출했던 그날을 생각하면 더 이상 나락으로 떨어지지 않은 것만도 기적이 아닌가 싶다. 우리 부부는 누구도 살아서는 갈 수 없는 천당과 지옥을 수도 없이 오르내렸다. 아들 덕택에 누린 행운이라 하지 않을 수 없다.

(2012. 12)

아들의 승진

카톡 소리가 요란하게 울렸다. 발목에 침을 꽂고 한의원 침상에 누워 있었다. 무료하게 기다리던 중이라 반갑게 핸드폰을 여니 아들이 가족 카톡방에 메시지를 올렸다. 평소 가족 카톡방 참여에 무심한 아들이라 오늘은 웬일인가 싶어 급히 내용을 확인했다. 그런데 이게 어찌된 일인가? 놀라운 내용의 문자가 연속으로 날아든다.

아, 저 이제 이대리가 아닙니다.
이과장이라 불러 주세요.~
비록 입사동기 중 스타트는 못 끊었지만^^
과장 승격을 하였답니다.

가족 4명 중 내가 제일 먼저 메시지를 확인하고 있었다. 독수리 타법으로 느리게 응답 메시지를 치는데 흥분이 되어 자꾸만 오타가 났다.

아들 정말이야? 축하한다.
새해 벽두에 이런 기쁜 소식을 전해주다니….

내가 문자를 보내자마자 즉시 응답이 날아온다. 아들이 문자를 치는 속도는 손가락이 보이지 않을 정도다.

감사합니다. 아버지 덕분입니다.

이때 딸이 카톡을 보았는지 끼어들었다.

이 행장, 축하해요! 고생 많았어.^^
응 누나 고마워.

그런데 가장 기뻐할 아내는 카톡을 보지 않고 있다. 실은 아내도 이 시간 아파트단지 내에 있는 한의원에서 침을 맞고 있다. 새해 연휴 기간에 나와 같이 양평 콘도에 숙박하면서 용문사에 1,100년 된 은행나무 구경을 갔다가 빙판에 미끄러져 타박상을 입었기 때문이다. 나도 며칠 전 북한산 둘레길을 걷다가 발목을 삐어 평소 다니던 한의원에서 침을 맞고 있다. 부부가 같은 시각, 각기 다른 병원에서 침을 맞는 기이한 상황이었다.

아내가 카톡방에 들어오지를 않고 있었다. 참다못한 나는 전화를 걸어 아들 승진 소식을 전하며 빨리 카톡방으로 들어오라고 했다. 침을 꽂고 누워 있어 카톡방에 문자를 칠 수는 없다고 말하는 아내의 목소리가 떨리고 있었다. 곧이어 아내가 축하를 의미하는 아이콘들을 연속으로 세 개나 올렸다.

나는 다시 문자를 치기 시작했다.

> 아들 주변에 표정 관리 잘해라.
> 특히 이번에 뜻을 이루지 못한 동료 경쟁자들에게…
> 네, 우리 부서 내에도 그런 사람이 있어 조심하고 있습니다.
> 그래, 퇴근해서 우리끼리 자축 한잔하자.

침술이 끝나자마자 발목이 아픈 것도 잊은 채 들뜬 마음으로 집으로 달려왔다. 곧이어 아내가 현관문 벨을 다급하게 눌렀다. 손에는 맥주와 안주 봉지가 들려 있었다. 나는 말로만 한잔하자고 했는데, 역시 남자는 여자들의 센스를 따를 수가 없는가 보다.

실은 나는 오늘 아들의 승격 발표가 있는지도 모르고 있었다. 아내는 아침 출근 때 아들을 지하철역까지 태워 주면서 "오늘 승격 발표 날인데 어떻게 될지 모르겠어요."라는 얘기를 들었단다. 그 말에 승격이 되지 않았을 경우가 걱정되어 아무 말도 하지 못했으며, 나에게도 괜히 신경쓸까 봐 얘기하지 않고 혼자 하루 종일 노심초사했단다.

아들은 포항공대 수학과를 졸업 후 국민은행 여의도 본점에 근무하고 있다. 지난해 이맘때쯤이다. 입사 동기가 처음으로 과장 승격이 되었는데 본인이 포함되지 않아 무척 실망하던 모습이 지금도 생생하다. 술이 취해 늦게 들어와서 '사표 내어 버릴까.' 하고 혼자 중얼거리는 말 한마디에 우리 내외는 얼마나 가슴을 조였는지 모른다. 승격은 월급쟁이가 인사철마다 겪어야 하는 피할 수 없는 숙명이다. 지난날 내가 수없이 겪었던 좌절과 환희이기도 하다. 이를 극복하고 제때 승격해 준 아들이 너무도 대견했다.

술상을 차려 놓고 기다리는데 새벽 한 시가 지나도 아들이 들어오지 않았다. 회사에서 회식이 있어 늦을 것 같다는 메시지는 있었지만 이렇게까지 늦을 줄은 몰랐다. 아내는 나보고 먼저 자라고 하지만 나는 맥주 한잔 같이하겠다며 버티었다. 내가 승진했을 때도 이처럼 기뻤던가 싶다. 아내는 수도 없이 창문을 돌아보며 초조히 TV 채널만 돌려대고, 나는 이 기쁜 감정을 한 편의 글로 담아보려고 볼펜과 씨름한다. 도대체 자식이 뭐길래! 밤은 깊어 가고 두 내외의 눈까풀은 따갑기만 하다.

(2016. 1. 4)

아들과 소통 체험

아내는 가끔 내게 말한다. "만약 내가 먼저 눈을 감으면 당신이 아들과 소원해질까 봐 참으로 걱정"이라고. 그 말을 반박하거나 부정해 본 적은 없다. 아들과 소통이 부족한 것은 사실이며, 나 또한 이를 우려하고 있기 때문이다. 나는 안동 사람티라도 내듯이 시대에 뒤진 가부장적인 면도 없지 않다. 이를 좋아할 요즘 젊은이들이 얼마나 있을까?

소통 부족의 요인을 나는 '부모의 충고를 받아들이지 않고 즉흥적으로 과민 반응하는 아들의 성격 때문'이라 생각한다. 아들은 정반대이다. '가만히 좀 내버려 두면 좋을 텐데 매사에 관심과 간섭이 지나치다'고 생각하는 것 같다. 어떤 면에서는 아내가 나보다 더 보수적이며, 아들에게 불만도 적지 않다. 그럼에도 아내는 참고 또 참으며 소통을 웬만큼 유지해 가고 있다. 그 힘의 원천은 그칠 줄 모르는 헌신적인 자식 사랑일 것이다. 아내는 아들에게 메시지를 길게 보내는 편이다. 그러나 아들의 대답은 거의 '네' 한 자다. 한번은 아내가 답 좀 길게 보내라고 했더니 '네~'라고 왔다.

아내가 12일간 미국 여행을 가게 되었다. 남편 숙식보다 마흔이 다된 미혼 아들을 돌봐주지 못해 더 걱정이다. 나보고 여행을 같이 가자고 했으나 친구와 편하게 다녀오라고 사양했다. 부장 시절 공무로 다녀온 코스와 중복되기 때문이었지만, 이번 기회에 혼자 독립해 살고 있는 아들과 소통의 기회를 갖고 싶기도 했다.

오늘날 부모 자식 간에 갈등 없는 가정 있으랴마는 나 또한 갈등이 없지 않다. 최근 들어 더욱 실감하고 있다. 요즘은 가급적 표현을 아끼며 관심도 줄이려고 무던히 노력 중이다. 자식 이기는 부모 없다고 하지 않던가? 그래봤자 남는 것은 결국 부자간에 사이만 멀어질 뿐, 상처를 받는 쪽은 항상 나였기 때문이다. 아내가 여행을 떠나던 날 아들에게 카톡을 보냈다.

> 아들, 엄마가 안 계시니 우리끼리 가끔 소통 좀 하자.
> 아빠는 오늘 결혼식 두 곳 다닌 후 귀가 중이다.
> 각자 끼니 잘 챙겨 먹고 운동도 게을리하지 말자. 파이팅!

꽤 긴 메시지를 보냈다. 4시간이 지난 후 밤 11시에 응답이 왔다.

> 전 이제 퇴근해서 저녁 먹고 있어요. 잘 주무세요.~

계속 응답이 없었으면 또 상처를 받았을 텐데 그래도 다행이라는 생각이 들었다.

다음에는 아들이 먼저 메시지를 보내 주기 바라며 며칠을 기다렸다. 사흘이 넘어서자 도저히 더는 참을 수 없었다. 또 카톡을 보냈다.

아들, 오늘 하루도 잘 보냈겠지?
아빠도 모처럼 글 한 편 쓰고 망중한을 보내고 있다.

밤 10시가 지나서 보내 놓고 잠들 때까지 수도 없이 응답을 확인했다. 그러나 소식은 끝내 오지 않았다. 서운한 생각을 넘어 나중에는 괘씸하다는 생각까지 들었다. 다음 날 아침 8시, 드디어 기다리던 응답이 왔다. 다급히 핸드폰을 열었다.

어제는 너무 피곤해서 일찍 잤어요. 죄송해요.

가만히 생각하니 밤늦게 카톡을 보내 놓고 회신주기만을 애타게 기다렸던 것이다. 이건 소통이 아니라 분명 자식을 괴롭히는 행위다. 이야말로 구시대적 사고의 극치가 아닌가 싶었다. 스스로 자성하며 당분간 조용히 두기로 마음먹었다. 그런데 이게 어찌된 일인가! 다음 날 이른 아침 아들이 먼저 카톡을 보냈다.

오늘도 여유로운 하루 보내세요.

비록 짧은 몇 글자이지만 너무도 큰 감동을 받았다. 실로 날아갈 듯이 기뻤다. 우울했던 마음이 한방에 다 사라져 버렸다.

그래 고맙다. 너도 즐겁고 보람된 하루 보내라.

즉시 답을 보냈다. 이 정도면 우리 부자도 소통에 별문제가 없지 않은가? 생각이 이에 미치자 기쁨을 주체할 수가 없었다. 아들과 주고받은 대화 내용을 아내에게 모조리 전달해 주었다. 부자가 소통하며 잘 지내고 있으니 즐겁게 여행을 다니라는 의미에서다.

비록 아들과 함께 지낸 것은 아니지만 아내가 없는 상황에서 서로가 마음을 교감할 수 있는 소중한 체험이었다. 그동안 소통 부족이 아들 탓이라는 착각 속에 갇혀 있었는데 역지사지로 생각하니 내게 책임이 더 많았던 것 같다. 이 얼마나 의미 있는 인식의 변화인가?

아들은 개성과 자기주장이 강하며 불의를 보면 그냥 넘어가지 못하는 성격이다. 험한 세상을 살아가는데 어찌 장점만이 될 수 있겠는가? 아들에게 단 한마디만 말하라고 한다면 '상대가 누구든간에 귀에 거슬리는 말을 듣더라도 좀 더 유연하게 받아들이라.'고 하고 싶다.

아내가 함께 여행을 가자고 했을 때 갈까 말까 실로 고민이 많았다. 여행 싫어하는 사람 누가 있으랴. 하지만 지금 생각하니 가지 않기를 참으로 잘한 것 같다. 12일간의 소중한 소통 체험! 아들과 한 발 더 가까워졌으면 하는 마음 간절하다.

(2018. 4)

드디어 아들이 장가간대요

이 얼마나 애타게 기다리던 소식인가! 아들이 드디어 장가를 간단다. 이제 우리도 며느리를 보게 되었다. 4년 전 딸아이를 서른여덟에 출가시키면서 한시름 놓았었다. 아들은 속을 썩이지 않고 장가를 가리라 믿었기 때문이다. 설령 다소 늦어진다 하더라도 딸보다는 애가 덜 탈 것 같았다. 아들은 딸과 1년 6개월 차이의 연년생이다.

그 후 2년 정도는 많은 지인들의 소개를 연결해 주면서 느긋하게 기다렸다.

하지만 아들은 보는 사람마다 자기 스타일이 아니라고 했다. 물론 상대가 그랬을 경우도 많았을 것이다. 3년째부터는 서서히 조바심이 생기기 시작했으며, 최근 1년 전부터는 감당하기 어려울 정도로 스트레스가 쌓여갔다. 내년이면 만 40세가 된다. 혼기 찬 자식을 둔 부모 심정 겪어 보지 않은 사람은 정말 모를 것이다.

2년쯤 전이다. 부부가 국민은행에 다니는 아들의 직장 선배가 자기 부인과 같은 지점에 근무하는 여직원을 소개시켜 줘서 만나고 있다는 얘기를 슬쩍 흘렸다. 경험상 과도한 관심은 도리어 역효과가 나기 때문에 궁금하지만 가만히 지켜만 보았다. 그 후 별다른 말이 없어 이번에도 그렇게 끝이 났는가 보다 했었다.

외손녀 키워주러 딸아이 집에 가 있는 아내가 "당신 놀라지 마세요." 하며 떨리는 목소리로 전화를 했다. 2년 전 소개 받았던 그 아가씨와 결혼하고 싶다는 의사를 대화 중 넌지시 밝혔단다. 그동안 계속 만났는지, 뜸하다가 다시 만나게 되었는지는 알 수 없으나 더 없이 반가운 소식이 아닐 수 없다. 아내가 아가씨의 근무처와 이름을 가르쳐 주며 슬쩍 한번 가보라고 했다. 다음에 함께 가자고 했더니 급하다며 당장 가라고 하였다.

설레는 마음으로 고객을 가장하여 찾아가 보니 긴 머리에 흰 피부, 작지 않아 보이는 키와 밝은 표정이 첫눈에 호감이 갔다. 이름이 정은이라 딸아이 이름 지은이와 비슷해 더 친근감이 느껴졌다. 집에 가서 아내에게 전화할까 생각했으나 참을 수가 없었다. 은행 문을 나오자마자 마음을 가라앉히고 '아들이 딱 좋아할 것 같은 스타일!'이라고 간략히 메시지를 보냈다. '둘만 좋다면 만사 OK예요.'라고 즉시 응답이 왔다. 그동안 부부가 수없이 해왔던 말이다.

더 이상 지체할 하등의 이유가 없었다. 연내에 결혼을 시키는 방향으로 무조건 밀어붙이기로 했다. 모두 코로나 난국 속에 혼사

치르기를 어려워하지만 우리는 걱정할 바 아니다. 먼저 두 당사자의 동의를 얻은 후 양가 의견일치를 보았다. 두 주인공의 상대 부모님 방문, 양가 부모 상견례, 결혼 일자 확정, 새살림 차릴 아파트와 예식장 예약 등을 2주 만에 모두 마쳤다. 그야말로 속전속결이었다. 신랑의 나이가 네 살 위지만 신부 나이도 적지 않다 보니 양가 모두 한마음이 된 결과였다.

그동안 아들에게 무언의 압력도 많이 가했었다. 때로는 "네 머리를 닮은 손주를 안아보는 것이 소원이다. 대를 잇지 않는 것보다 더 불효는 없다." 등 농담 아닌 농담도 했으며, "결혼하지 않으면 유산은 한 푼도 없다. 유산은 자식 낳아 교육시키라고 주는 것인데 혼자 살 것 같으면 네 월급만으로도 못 살 리 없다." 등 노골적인 말까지 한 적도 있다.

칠순에 수필집을 내겠다는 아내와의 약속까지 어기면서 아들 장가가기를 기다렸다. 남매를 모두 결혼시켜 두 부부의 축하를 받고 싶었기 때문이다. 그러나 금년 한 해를 또 넘길 수는 없었다. 수필집을 내기로 마음먹고 출판사에 의뢰하여 1차 교정까지 끝낸 상태다. 아무리 생각해도 아들 결혼에 대한 글 한 편을 넣지 않으면 내 글쓰기의 제1막이 제대로 마무리되지 않을 것 같았다. 비록 결혼식은 하지 않은 상태이나 이 기쁜 마음을 첫 수필집에 담고 싶은 마음 간절했다. 출판사에 얘기하니 원고를 보내라고 흔쾌히 응해 주었다. 깊어 가는 밤 설레는 마음으로 자판기와 씨름하고 있으나 피곤한 줄도 모르겠다. 앞으로는 글감이 무궁무진할 것만 같다.

그토록 애태우던 아들이 장가를 간다! 부부의 연은 타고난 운명이요, 하늘의 뜻이라 했다. 잘 살고 못 사는 것도 각자의 분복일 것이다. 우리 부부도 이제 해방을 맞게 되었으니 무엇을 더 바라겠는가. 아낌없는 사랑을 주고 싶을 따름이다. 새가 자라면 이소(離巢)하듯이, 아들을 품속에서 미련 없이 훨훨 떠나보내리라.

(2020. 10)

3부

뿌리를 찾아서

- 할아버지 제삿날
- 아버지 영전의 눈물
- 어머니의 세월
- 처부모님 회혼식
- 사달 난 뿌리 교육

할아버지 제삿날

닷새 후면 할아버지 제삿날이다. 큰형님이 서울에 사실 때는 제사에 빠진 적이 없다. 하지만 십여 년 전 형님이 문경으로 이사를 간 후부터는 거의 참석하지 못했다. 나는 유년기 15년 이상을 할아버지와 함께 보냈다. 생전의 모습은 물론 하시던 말씀 마디마디까지도 기억이 또렷하다. 오늘따라 할아버지 생각이 아련하게 떠오른다. 그 기억들을 하나하나 간추려 쓰려고 한다. 이번 49회 제사에는 나도 꼭 참배할 예정인데, 그때 이 글을 제사상에 올리기 위해서다.

할아버지는 내가 중학교 1학년 때 89세의 나이로 돌아가셨다. 당시로는 장수하신 편이다. 할아버지는 사십 대 중반의 젊은 나이에 상처를 하신 후 50여 년을 홀로 사셨다. 어머니가 15세 어린 나이로 시집을 왔을 때 막내 시동생은 첫돌 전의 애기였다. 어린

새색시인 어머니는 이웃 산모들을 찾아다니며 젖동냥으로 갓 난 시동생을 키우셨다. 할아버지는 맏며느리를 의지하여 어린 자식들을 길러내셨다. 드라마의 한 장면과 같다.

할아버지는 당신의 팔 길이보다 더 긴 담뱃대를 입에 달고 계셨다. 바깥출입 때는 물론 들에 일하러 나가실 때도 담뱃대만은 손에서 놓지를 않았다. 작은 체구이지만 언제나 곧고 단정하셨다. 방안에 홀로 계실 때도 언제나 곧은 자세로 정좌하셨으며 늘 눈을 지그시 감고 계셨다. 할아버지는 기억력이 좋고 총명하기로 문중 내에서 화제가 될 정도였다. 길 가던 과객이 물 한 모금을 얻어먹기 위해 들러도 대화 나누기를 좋아해 그냥 보내지 않으셨다. 생면부지 사람이라도 성씨만 대면 그 집안의 조상 내력을 줄줄 외듯 얘기했으며, 어쩌다 대화가 될 상대를 만나면 조상 얘기는 물론 조선사를 넘어 고려사로까지도 끝없이 이어 나가셨다.

식사 때마다 할아버지는 항상 빈 그릇을 하나 더 달라해 밥을 몇 순갈 덜고 나서 잡수셨다. 그냥 먹기 시작하면 과식하게 된다는 것이다. 그래서 할아버지 밥상에는 아예 빈 접시가 하나 더 놓여 있었다. 할아버지는 밥 한 그릇을 잡수시는데도 이토록 사전에 적당량을 가늠하여 조정할 정도로 매사에 절제가 철저하셨다. 나는 철이 들면서 '군자(君子)의 도(道)'는 바로 저런 사소한 것에서부터 시작되는구나 하는 생각을 하게 되었다.

내가 학교에서 돌아와 밥상에 앉자마자 밥순가락을 가득 채워 퍼먹기 시작하면 절대 지나쳐 보지 않으셨다. "밥 먹기 전에는 꼭 물부터 한 모금 마셔라. 국과 장맛을 먼저 보고 나서 밥은 반 순갈씩 떠 꼭꼭 씹어 먹어라." 등 누누이 말씀하셨다. 그 의미를 제대로 알아듣지 못한 나는 잔소리가 듣기 싫어 밥그릇을 들고 옆방으로 피하기도 했다. 지금 생각하니 이런 식생활 습관이 할아버지의 장수비결이 아니었나 싶다.

할아버지와 달리 아버지는 본인 위주로 사시는 분이셨다. 씨름판을 돌며 힘자랑도 하고, 한때는 노름판을 기웃거리기도 한 한량이셨다. 젊은 시절에는 만주와 북해도까지 넘나들며 해 보지 않은 일이 없었다고 자랑스레 말씀하셨다. 그러다 보니 할아버지의 애를 무던히도 태웠다. 할아버지는 아버지가 귀가할 때까지 주무시지 않고 마냥 기다리셨다. 환갑이 다 된 아들을 마치 어린애 대하듯 나무라고 타일렀다. 그러한 할아버지가 내 눈에는 참으로 가엽게 보이기도 했다.

할아버지가 돌아가시기 전날 밤에 이웃의 어르신 한 분이 놀러와 밤이 늦도록 정담을 나누다가 돌아가셨다. 다음 날 아침에 어머니가 밥상을 들고 문을 두드리니 인기척이 없으셨다. 황급히 들어가 흔들어 확인하니 이미 주무시는 듯이 숨을 거둔 상태였다. "건강하지 못한 몸으로 긴 세월 모셔온 맏며느리가 가여워 마지막 떠나시면서 배려하신 것 같다."고 어머니는 생전에 늘 말씀하셨다.

할아버지 제삿날이 자꾸만 기다려진다. 아홉 살 위인 큰형님은 나 보다 할아버지가 살아오신 내력을 더 많이 알고 계신다. 모처럼 형님과 함께 제삿밥을 먹으며 할아버지 얘기를 많이 나누고 싶다.

(수필문학 추천작가회 사화집 2018)

아버지 영전의 눈물

아버지는 참으로 건강한 체질이셨다. 일제 치하의 젊은 시절에는 만주와 북해도를 넘나들며 탄광과 부두의 막노동까지 해보지 않은 일이 없었다며 늘 자랑삼아 말씀하셨다. 씨름판에서 명성을 날렸다는 자랑도 빼놓지 않으셨다. 40세에 내가 태어났으니 살아 계시면 금년에 108세가 되신다.

아버지가 돌아가시기 일 년쯤 전이니 지금부터 20년 전이다. 그렇게 강건하시던 아버지가 언제부턴가 기력을 잃기 시작하셨다. 자식으로서 생전에 무엇인가 작은 도리라도 하고 싶었다. 용돈을 드려 봤자 쓰지 않고 모으기만 하시니 의미가 없었다. 생각 끝에 정기적으로 목욕을 함께하며 등을 밀어드리기로 마음먹었다. 아버지는 천호동에 사시는 큰형님이 모시고 있었으며 나는 상계동에 살고 있었다. 가끔 큰댁 근처에서 형님 내외분과 저녁 식사를 모셨기에 그때 조금 더 일찍 출발하면 되니 어려울 것도 없었다.

목욕 행사를 몇 차례 하던 중 한번은 고등학교 3학년인 아들에게 함께 가자고 했다. 거절할 줄 알았는데 의외로 순순히 따라나섰다. 내가 아버지 등을 밀어드리려고 하자 옆에 있던 아들이 자기가 밀어드리겠다고 하였다. 손자가 밀어주는 것이 그렇게도 좋은지 아버지는 어찌할 바를 모를 정도로 흐뭇해하셨다. 성의껏 등을 밀며 아버지를 기쁘게 해 드리는 아들이 여간 대견스럽지 않았다. 목욕을 마치고 나오는데 목욕탕 주인이 "3대가 함께 목욕하는 모습이 참 보기 좋습니다."라고 했다. 아버지는 그 말이 떨어지기 바쁘게 "우리 손자가 내 등을 밀어줬다오."라며 자랑을 하셨다.

목욕탕 밖으로 나오자 아들이 살짝 다가와 "할아버지가 너무 쇠약해지신 것 같아 눈물이 날 뻔했어요."라고 말했다. 다음에도 기회가 되면 아버지와 함께 와서 할아버지 등을 밀어드리겠다는 말도 했다. 그때 찡할 정도로 감동을 받았던 기억이 지금도 뇌리에 생생하다. 이것이 바로 천륜이라는 것이구나 싶었다.

그 다음 아들과 함께 갔을 때이다. 목욕을 마친 후 휴게실에서 음료수를 마시며 잠시 여유 시간을 보내고 있는데 아버지가 본인이 다니고 있는 경로당에 대한 얘기를 하셨다. 어떤 사람은 얻어먹기만 하고 한 번도 사지를 않으며, 어떤 사람은 나오기만 하면 자식 자랑만 늘어놓는다. 고령의 한 어르신은 자기 아들이 경로당 어른들께 식사 대접을 하라고 돈을 줬다며 가끔 설렁탕을 샀는데, 알고 보니 자기 용돈을 아껴서 샀단다. 자식 자랑하는 사람들이 얼마나 부러웠으면 그렇게까지 했을까 싶었다. 아버지는 잠시 숨을 돌리시더니 "자식이 직접 경로당을 방문해 음식을 대접하는 경우도 간혹 있는데 참 보기가 좋더라."고 하셨다.

그날 목욕탕을 나오자 아들이 슬며시 다가와 "아버지도 경로당에 한 번 다녀오셔야 되지 않을까요?"라고 귀띔했다. 나도 그렇게 생각하고 있었는데 아들도 지나쳐 듣지 않았던 것이다. 철부지 아이인 줄 알았는데 눈치가 빠른 것이 참으로 기특했다. 가만히 생각하니 아버지도 경로당에서 자식 자랑을 하지 않았을 턱이 없다. 틀림없이 손자가 등을 밀어줬다는 얘기도 여러 번 하셨을 것이다.

다음 번 나 혼자 아버지를 찾아갔을 때이다. "제가 경로당 어르신들께 식사를 한 번 대접하겠으니 날을 잡아 주세요." 하고 말씀드렸다. 그런데 아버지는 의외로 "바쁜 네가 그렇게까지 할 필요는 없다. 돈을 주고 가면 기회 봐서 내가 대접하겠다."고 하셨다. 아들이 돈을 줬다며 설렁탕을 사던 그 어른도 요즘은 남들이 다 알게 되어 사지 않는다고도 하셨다. 그때는 분명 내가 한 번 찾아오기를 바라고 말씀하셨을 터인데 아마도 그 후 분위기가 달라진 것 같았다. 할 수 없이 돈만 드리고 돌아왔다. 오면서 곰곰 생각하니 아버지가 그사이 아들이 돈을 줬다며 이미 경로당 어른들께 대접하신 것은 아닐까 하는 생각이 들었다. 지난번 말씀하셨을 때 즉시 "조만간 저도 한 번 방문하겠습니다."라고 말하지 않은 것이 후회되었다.

아들은 입시 공부 때문에 그 후 더는 목욕 행사에 참석하지 못했다. 물론 내가 가자고 했으면 응했겠지만 더 이상 요구하지를 않았다. 대원외고에 다니는 아들은 그 후 포항공대에 합격했으며, 같은 해에 그 어렵다는 멘사 시험에도 합격했다.

그로부터 몇 개월 후 아버지가 임종하셨다. 소식을 듣고 달려온 아들이 아버지 영전에서 눈물을 멈추지 못했다. 아마도 할아버지 등을 밀어주던 그날을 생각하는 것 같았다. 내 아들의 눈물을 보면서 속으로 슬픔을 삭이던 이 불효자식도 눈물을 쏟기 시작했다. 경로당에 한 번 가지 못한 것이 더욱 가슴을 아프게 했다.

(수필문학 대표수필선집 2018)

어머니의 세월

어머니는 36년 전 세상을 떠나셨다. 살아 계시면 금년 106세가 되신다. 어머니 생각만 하면 나도 모르게 눈물이 난다. 참으로 한 많은 세상을 사셨기 때문이다. 왠지 오늘따라 어머니에 대한 애잔한 기억들이 아련한 그리움 되어 가슴을 파고든다.

어머니는 해방되기 33년 전에 태어나 15세 어린 나이에 시집오셨다. 당시는 조혼 시대라 주로 묵신행(혼례를 올린 후 일정기간 친정에서 살다가 날을 잡아 시댁으로 들어가는 신행)을 했다. 그러나 어머니는 혼례 후 얼마 지나지 않아 할머니가 돌아가시어 곧바로 신행을 했다. 아버지가 사형제의 맏이라 홀로 사는 시아버지를 모셔야 했기 때문이다. 신행 당시 막내 시동생은 첫돌 전의 애기였다. 철없는 새댁의 몸으로 이웃 산모들을 찾아다니며 젖동냥으로 갓 난 시동생을 키웠다. 그 시집살이 고충이 오죽했으랴!

흐르는 세월 속에 어머니에 대한 기억들이 하나둘 희미해져 가고 있다. 하지만 몇 가지 기억은 아직도 선명하다. 내가 일곱 살 때쯤으로 기억된다. 어머니는 처녀 시절에 직접 붓으로 베껴 쓴 『장화홍련』, 『콩쥐팥쥐』 같은 고전을 시집올 때 장롱 속에 많이 넣어 오셨다. 긴 겨울밤 동네 할머니들이 방 넓은 부잣집에 모여 가끔 어머니를 초청해 그 책들을 읽어 달라고 했다. 그때마다 어머니는 나를 데리고 갔다. 밤참으로 나오는 식혜와 묵 등 음식을 먹이기 위해서였다. 할머니들이 책 내용에 감동하여 무명 치맛자락으로 눈물을 훔치던 모습이 지금도 눈에 생생하다.

어머니의 문장력은 당시 여성의 글로는 상당한 수준이었다. 자식 칠 남매 결혼 시의 사돈지는 물론 친척이나 이웃의 사돈지도 많이 써 주셨다. 그러나 바로 위의 형이 장가갈 때는 건강 악화로 붓을 잡을 수 없었다. 할 수 없이 어머니가 부르고 내가 붓으로 받아썼다. 그때 출가시키는 자식에 대한 어머니의 심정을 가슴으로 느낄 수 있었다. 내가 장가를 갈 때는 그마저도 할 수가 없어 친척에게 부탁했다.

우리는 위로 딸 셋, 아래로 아들 넷 칠 남매이다. 당시에는 경제적 빈곤도 극심했지만, 남존여비 사상으로 대부분의 집들이 딸은 학교에 보내지 않았다. 우리 누님들 또한 학교는 문턱도 가보지 못했다. 한글은 어머니가 방아를 찧으며 직접 가르쳤다. '가' 자에 ㄱ하면 각, '가' 자에 ㄴ하면 간하고 어머니가 말하면 누님들이 따라 했다. 그렇게 배운 누님들이 문법도 별로 틀리지 않게 한글을 구사하는 것을 보면 참으로 경이롭기 그지없다.

우리는 원래 팔 남매였다. 어머니의 일생에서 가장 가슴 아픈 상처는 둘째 형의 죽음이었다. 6·25전쟁 참화와 보릿고개의 고통으로 신음하던 50년대 말이었다. 우리는 가난을 극복하기 위해 강원도 탄광촌에 2년간 살았던 적이 있다. 이사 간 지 몇 개월 되지 않아 둘째 형이 윤감(지금의 독감)을 앓았는데 제때 병원에 가지를 못해 저세상 사람이 되고 말았다. 전시 중에도 올망졸망 팔 남매를 무사히 키워냈는데 16세까지 다 키운 자식을 졸지에 잃은 것이다. 자식에 대한 애착이 남달랐던 어머니가 허약한 몸으로 그 애통함을 어찌 감당할 수 있었으랴!

세월이 많이 흐른 후에도 어머니는 가끔 남몰래 눈물을 흘리셨다. 알고 보면 그날이 바로 형의 생일이거나 사망일이었다. 이 사실도 먼 후일에야 알았다. 결국 어머니는 그 애절함을 견디지 못하고 가슴에 화병을 앓아 고통의 세월을 보냈으며, 좋은 세월 제대로 한번 보지 못하고 70세 나이로 한 많은 생을 마치셨다.

내가 다니는 초등학교는 워낙 벽촌이라 명문 안동중학교에는 일년에 한 명 들어갈까 말까 했다. 내가 요행히 합격을 했으나 도저히 입학금을 마련할 형편이 되지 못했다. 한숨으로 나날을 보내며 입학하지 못하면 무작정 서울로 도망갈 작정만 하고 있었다. 그런데 어찌된 일인지 입학금을 내게 되었고, 진학을 하게 되었다. 나의 입학금을 마련하기 위해 어머니가 머리를 잘라 팔았다는 사실은 먼 후일에 알게 되었다. 옛날 얘기에서나 들었던 일이 내게 현

실로 있었던 것이다.

그 사실을 알고 나서 내가 어머니께 무슨 말을 했으며, 어머니가 뭐라고 대답했는지는 전혀 기억나지 않는다. 참으로 안타깝고 가슴 아프다. 오십여 년 전 외삼촌 회갑에 갔을 때, 친정 식구들 앞에서 중학교 교복을 입은 나를 보며 그토록 자랑스러워하시던 모습이 새삼 가슴을 울린다.

(2018. 9)

처부모님 회혼식

34년을 살면서 한 번도 결혼기념일이나 생일을 기억한 적이 없다. 솔직히 말하면 기억하려는 노력조차 하지 않았다. 그런 면에서 아내에게 참 많은 빚을 지고 있다. 그것을 알면서도 마음속으로만 생각할 뿐 미안하다는 말 한마디 제대로 한 적도 없다. 요즘 사람들이 들으면 아마도 거짓말이라 하지 않을까 싶다. 이제야 철이 드는 걸까? 육십을 넘기면서 그 잘못을 조금씩 깨달아 가고 있다.

처부모님 회혼식(回婚式)이 얼마 남지 않았다. 아내가 말은 하지 않아도 맏딸로서 책임감이 상당할 성싶다. 이런 아내의 마음을 조금이나마 편하게 해 주고 싶었다. 어떻게 하면 의미 있는 회혼식이 될 수 있을까 고민이 되었다. 그래서 수도권에 살고 있는 처제, 처남 사 남매를 불러 모아 의논을 했다. 그 결과 가까운 친지들과 이웃을 초청하여 전통 혼례를 재현하면 의미도 있고 부모님도 좋아할 것 같다는 의견 일치를 보았다.

다행히 안동 시청에 알아 보니 전통 혼례에 소요되는 모든 장비를 지원한다고 했다. 그래서 육 남매 중 다섯째이며 맏아들인 처남에게 실무 책임을 맡겨 전통 혼례 예식장과 식당을 예약하고 부모님께 행사 계획을 알리게 하였다. 그런데 반가워할 줄 알았던 부모님이 한사코 받아들이지 않으셨다. 이유는 이 나이에 사모관대에 족두리를 쓰고 혼례식 하는 것이 쑥스러우며, 모두 어려운 형편인데 괜히 자식들에게 부담을 주고 싶지 않다는 것이었다. 어쩔 수 없이 부모님 뜻에 따라 일체 외부인의 초청 없이 자식들만 시골집에 모여서 조촐한 행사를 치르기로 했다. 당초 계획했던 돈은 통장을 만들어 두 분 노후 건강 관리비로 드리기로 했다.

그렇지만 가족끼리 식사만 하는 것은 아무리 생각해도 너무 단조로울 것 같아 걱정이 되었다. 고심 끝에 내가 회혼을 축하하는 글을 정성껏 써서 케이크를 자른 후에 낭독하는 이벤트를 만들어 보기로 마음먹었다. 그 글 내용은 일체 공개하지 않고 나 혼자 몰래 준비했다.

행사에는 부모님과 자식, 육 남매 부부 그리고 그 아랫대 자녀 열 명(세 명은 불가피하게 불참) 등 총 24명이 참석했다. 다들 기쁜 마음으로 한 방 가득히 둘러앉아 축하 행사를 시작했다. 축하 케이크를 자르고 「어버이 은혜」 축가를 불렀다. 그럴 즈음 내가 일어섰다. 준비한 글을 꺼내어 각자에게 나눠준 후 큰 소리로 낭독을 했다. 전혀 예상하지 못했던 상황인데다 글 내용에 모두 감격한 듯 한동안 아무도 말문을 열지 못했다. 그 순간 내가 적막을 깨고 박수를 유도하자 모두 함성을 지르며 크게 손뼉을 쳤다. 나중에 아내에게 들은 얘기지만 마음씨 여린 셋째 딸은 뒷방으로 물러나 눈물까지 흘렸다고 했다.

좀 더 규모 있는 행사를 하지 못해 아쉬웠던 마음들이 이 이벤트 하나로 조금이나마 해소된 것 같아 그나마 다행이었다. 무엇보다 아내가 흐뭇해하니 내 가슴도 뿌듯했다.

존경하는 장인어른과 장모님!

두 분의 뜻깊은 회혼을 진심으로 감축드립니다. 감격스러운 날을 맞아 저희들이 일가친척과 이웃을 모시고 조촐한 잔치자리를 마련코자 했으나 두 분 부모님이 한사코 간소하게 치르라고 하시니 안타까운 마음 금할 길이 없습니다. 그 아쉬움을 달래고자 부족한 맏사위가 육 남매를 대표해 축하의 글을 준비하였습니다.

육십 년 전 두 분은 십칠 세의 동갑내기로 사모관대에 연지곤지 곱게 바르고 부부의 연을 맺었습니다. 그 후 긴 세월 슬하에 육 남매를 낳아 사랑으로 길렀으며, 모두 결혼을 시켰으니 이것만으로도 두 분의 살아오신 업적은 참으로 대단하십니다. 더구나 출가한 자녀 육 남매가 모두 아들과 딸을 갖춰 낳아 잘 성장하고 있으니 이보다 더한 복록이 어디에 있겠습니까?

두 분께서는 오백 년째 내려오는 봉화 금(奉化琴)씨 일휴당(日休堂) 종가의 종손과 종부로서 막중한 소임을 훌륭히 감당해 내고 계십니다. 넉넉지 못한 살림살이 속에서도 크고 작은 대소사를 하나같이 원만히 처리하시며, 그 많은 봉제사도 지성으로 받들고 계십니다. 또한 안동댐 수몰로 많은 주민이 고향을 등지고 떠날 때도 칠군자(七君子)가 태어난 유서 깊은 '외내마을'을 지키고 있습니다. 수몰되고 남은 터에 살던 집을 옮겨 짓고 수많은 조상의 산소를 전력으로 돌보시니 자손으로서 이보다 더 장한 일이 무엇이 또 있겠습니까?

군자 같으신 우리 장인어른!

종손으로 일가친척의 어려운 일을 도맡아 처리하시고, 마을을 위하는 마음 또한 남다르시니 참으로 대단하십니다. 모두 기피하는 고달픈 이장 업무를 십 년 넘게 맡아 열성을 다하시어 주민들의 칭송이 자자하니 자식으로서 흐뭇한 마음 금할 수가 없습니다. 언제나 말이 없으시고 주시는 정 한결같으니 저희들은 그저 바라만 보아도 고개가 숙어집니다.

제가 금씨 문중을 출입한 지도 어언 삼십사 년이 되었습니다. 지금 살고 있는 집에 전기 가설하고, 우물 파고, 집을 개조하는 등 수많은 추억이 가슴속에 아련합니다. 또한 제 아래로 딸 셋 출가시킬 때는 제가 직접 보고서 좋다고 해야만 최종 승낙을 하시겠다며 언제나 저를 앞세우고 다니셨지요? 그동안 집안 내 온갖 길흉사 겪으면서 장인어른께 배운 바도 참으로 많았습니다.

종부의 면모를 고루 다 갖추신 우리 장모님!

자녀 육 남매를 사랑으로 키우시고, 종부로서 친척 간에 베푸는 도량 남다르시니 가히 타고난 천성이 아닌가 싶습니다. 이를 보고 자란 딸들이야 더 말해 무엇 하겠습니까? 저는 이 하나만으로도 장가를 잘 들었다는 생각에 변함이 없습니다.

제가 스물아홉의 나이로 장가를 들었을 때 당신께서는 마흔셋 젊은 나이로 수줍음도 많으셨지요. 장모라는 호칭을 듣는 것이 부끄러워 결혼 초기에는 저를 피해 다니기만 하셨습니다. 그동안 살아오시면서 자식들에게 뭐 하나라도 더 챙겨 주려고 애쓰신 마음 어찌 전들 모르겠습니까. 그에 대한 고마움은 장모님의 맏딸을 제가 아끼고 사랑하며 잘 사는 것으로 보답하겠습니다.

두 분 어른과 함께했던 지난 세월 뒤돌아보니 실로 감회가 새롭습니다. 곱고 젊던 그 모습 삼십사 년의 세월 속에 어느덧 노부부가 되셨군요. 그러나 두 분 살아오신 일생은 너무도 자랑스럽고 아름답습니다. 금년 초에는 외지에서 들어와 인근에 사는 한 주민이 두 분 살아가는 모습이 너무도 보기 좋아 방송사에 제보를 했으며, SBS가 「산골짜기 노부부 사는 이야기」라는 드라마로 제작하여 아침 방송에 방영하기도 했습니다.

'나무는 고요히 있으려 하나 바람이 멈추지 않으며, 자식은 부모를 봉양하려 하나 부모는 기다려주지를 않는다.'는 옛 고사성어의 뜻 저희도 잘 알고 있습니다. 그동안 저희들 한다고 했으나 각자가 제 살기에 급급하다 보니 부족한 점도 많았습니다. 지금까지 한량없는 사랑 베풀어 주셨으니 앞으로는 저희들도 그 은혜에 만분의 일이라도 갚도록 노력하겠습니다. 부디 오래오래 건강하시기 바라오며 다시 한번 뜻깊은 회혼을 축하드립니다.

2012. 11. 24

맏사위 올림

사달 난 뿌리 교육

요즘 젊은이들은 자신의 뿌리에 대한 관심이 너무도 없다. 내 자식도 예외는 아니다. 기회 되면 자랑스러운 조상 내력에 대해 꼭 한 번 얘기해 주고 싶었다. 수년 전 내 생일을 맞아 식구들이 한자리에 다 모이게 되었다. 기회다 싶어 자식 남매를 조용히 불러 앉혔다. 아내도 함께 자리하였다. 진지하게 '뿌리 교육' 특강을 시작했다.

그날 하고자 했던 강의 요점은 내 조상 고성 이씨(固城李氏) 시조 및 선조 몇 분의 인물사와 안동에 낙향하게 된 유래 그리고 임청각 종손 석주 선생의 독립운동사 등이었다. 그런데 1막 강의가 채 끝나기도 전에 남매가 모두 지루해하는 표정이었다. "어른이 말을 하는데 자세들이 뭐냐?"고 주의를 줬더니 반성하는 듯해서 다시 열강을 시작했다. 그러나 후반부 강의 도중 나의 뿌리 교육은 사달이 나고 말았다. 아들이 "아버지, 너무 길다고 생각지 않으세요?" 하고 브레이크를 걸었으며, 딸도 이에 동조하고 나섰다. 내 얼굴에 불쾌한 표정이 역력하자 아내가 불안했는지 아이들을 두둔하고 나섰다. 더 파탄 나기 전에 내가 참아야 된다는 신호임을 내 모를 리 없다. 이 상황에서 나 혼자 어쩔 도리가 없었다. 괘씸하고 허탈했지만 화를 속으로 삼켰다.

세월이 흐른 후 지금에 와서 생각하니 그날의 사달은 전적으로 나의 잘못이었다. 내 열강에 스스로 도취되어 시간 배정을 잘하지 못했다. 솔직히 나도 젊은 시절에는 조상에 대한 관심이 없었다. 퇴직 후 시간 여유가 생기자 관심이 점차 생겼다. 종친회에도 나가고, 문중 제례행사와 조상 유적답사도 기회가 되면 참석했다. 조상에 관한 문헌과 족보도 접하게 되었다. 그 과정에 자랑스러운 조상에 대해 자부심을 갖게 되었으며, 그 마음을 자식들한테도 심어주고 싶었다. 그런데 안타깝게도 기대했던 뿌리 교육 특강은 나의 미숙한 준비와 과욕으로 중도에 엉망이 되어버린 것이다.

그러나 이 중요한 과업을 한 번 실패로 포기할 수는 없었다. 고심 끝에 그때 제대로 말하지 못한 조상 내력을 장시간 공들여 간략히 정리했다. 자식들한테 메일로라도 보내 주기 위해서이다.

• 시조, 황(璜): 일찍이 문과에 급제 후 고려 덕종 2년(1033) 맹교위(猛校尉) 벼슬에 올랐고, 거란족 침입 시 세운 공으로 밀직부사(密直副使)가 되어 철령군(鐵嶺君) 봉호를 받았으며, 문종 17년 호부

상서(戶部尙書)를 제수받았다. 묘소는 알 수 없으며 경남 고성에 단소(壇所)가 있다.

• 9세, 암(행촌): 고려 충선왕 5년(1313) 문과에 급제했으며, 충정왕 때 좌정승, 공민왕 때 수문하시중(지금의 국무총리에 해당)에 올랐다. 공민왕 몽고 침입 때 왕을 호종하여 안동으로 피난한 공을 인정받아 1등 공신 철성부원군이 봉해졌다. 학문이 높아 단군세기, 태백진훈 등 명저를 남겼으며, 고려 말의 대학자 이색(李穡)을 가르친 바도 있다. 동국의 조자앙으로 불릴 정도로 글씨에 뛰어나 신라 김생, 조선 안평대군과 함께 우리나라 3대 명필로 불린다.

• 11세, 원(용헌): 1385년 문과에 급제하였으며, 예조좌랑 등을 거쳐 조선 개국 후 지평에 올랐고, 태조 1년 좌명공신에 책록되었다. 1403년 승추부제학 재임 시 고명부사로 명나라에 다녀왔으며, 대사헌과 판한성부윤을 거쳐 경상도관찰사, 영상주목사를 겸직하며 철성군으로 진봉되었다. 그 후 병조판서를 거쳐 우의정에 올랐으며, 세종의 고굉지신(股肱之臣)으로 세종 3년 좌의정에 제수되었다. 고성 이문 씨족의 7할 정도가 직계 후손으로 중시조라 할 수 있다. 권근의 손자로 좌의정을 지낸 권세가 권람이 사위이며, 안동 영호루에 자작 한시 현판이 있다.

• 12세, 증(참판공): 단종 즉위년에 진사시에 합격했으며 진해. 영산현감 봉직 후 이조판서를 증직 받았다. 용헌의 6자이며 안동 입향조(入鄕祖)이시다. 안동으로 낙향해 정착하게 된 유래는 장인(이희, 이제현의 현손. 경상도관찰사)과 연관이 있다. 장인이 안동 순찰 중 순직

하여 안동에 묻히자 증도 장인의 경제적 기반지인 안동에 일시 기거하게 된 인연 때문이다. 당시 권세가이며 자형이던 좌의정 권람의 고향이 안동인 것도 이곳 정착의 요인이 되었을 것으로 추정된다.

• 13세, 명: 증(增)의 3자로 형조좌랑에 봉직했으며, 1519년 99칸의 임청각을 건립했다. 임청각 맞은편 낙동강 건너에 자리한 귀래정(임청고탑과 함께 안동팔경)은 개성유수를 지낸 숙부 굉(浤)의 정자다. 세상을 떠들썩하게 한 '원이 엄마'의 남편이 바로 굉의 현손이다.

• 30세, 석주(이상룡): 상해임시정부 초대 국무령을 지냈다. 1910년 한일합방이 되자 국권을 되찾고자 조상 위패를 임청각 뒷산인 영남산에 묻고, 300여 명의 종을 모두 면천한 후, 독립자금 마련을 위해 많은 가산을 처분하여 1911년 백여 명의 식솔과 함께 만주로 망명했다. 22년간 처절한 독립운동을 했으나 끝내 광복을 보지 못한 채 '나라를 찾기 전에는 내 유해를 환국하지 말라'는 유언을 남긴 후 1932년 74세의 나이로 서거했다. 석주 선생 3대를 비롯해 10명의 독립운동유공자를 배출한 임청각은 명실공히 우리나라 독립운동의 산실이 되고 있다.

고성 이씨는 안동 유림과 인연이 깊다. 한양의 권세가이며 정승의 아들인 이증(李增)은 안동에 낙향해 살면서 지역 명망가들과 상부상조 결속이 필요했다. 이를 위해 1478년 결성한 것이 바로 우리나라 최초의 계모임인 '안동 우향계'이며, 1903년까지 425년간 지속되었다. 우향계 최초 계원은 이증 외 4개 문중 12명(안동 권씨 3명, 흥해 배씨 4명, 영양 남씨 4명, 안강 노씨 1명)이었으며, 계첩에는 계원

명단, 좌목, 시첩 등 여러 사료와 당시 대문호인 서거정의 축시도 담겨 있어 귀중한 문화재로 인정받는다. 원본 하나가 봉화 유곡리 권벌 종가에서 발견되어 세상에 알려지게 되었다.

임청각은 타 문중과 맺어진 인연도 깊다. 달성 서씨 중시조격인 약봉(서성) 선생의 외가가 임청각이며, 이곳에서 태어났다. 약봉의 부친 서해(권근의 외손자, 서거정의 현손)는 17세에 임청각을 지은 명(洺)의 다섯째 아들의 무남독녀(맹인)와 결혼해 약봉을 낳았으며, 23세에 요절했다. 맹모는 약봉의 교육을 위해 분배받은 가산을 처분 후 상경하여 훈도에 진력한 결과 정승으로 대성시켰다. 약봉 후손은 문과급제 121명, 정승 9명, 대재학 6명을 배출, 명문거족이 되었다. 약봉의 맹모는 신사임당, 장계향과 더불어 조선의 3대 현모양처로 일컬어진다.

또한 임청각은 서애 유성룡 선생의 형님인 겸암 선생의 처가이기도 하다. 겸암은 결혼 초기 이곳 임청각에 기거하면서 학문을 닦았다.

내가 애써 정리해 보낸 조상 내력을 자식들이 제대로 읽었는지는 나도 모른다. 하지만 읽지 않았다 하더라도 걱정하지 않는다. 언젠가는 반드시 읽게 되리라 믿기 때문이다. 나도 그러했으니 말이다. 언젠가 읽었는지를 확인해 보고 만약 관심을 보인다면 다시 특강도 해주고 싶다. 그때는 절대 사달 나지 않도록 준비를 철저히 하리라.

(월드코리안 신문 2019. 12)

4부

행복 실은 은하철도

- 내 고향 문화유적 답사
- 무이산 기행
- 꿈에 그리던 곡부와 태산
- 딸과 함께한 자유여행
- 버킷리스트
- 완행열차

내 고향 문화유적 답사

추로지향(鄒魯之鄕)은 맹자가 추나라 사람이고 공자가 노나라 사람이라는 뜻이다. 성현을 존경하고 도덕과 학문을 숭상하며 예의를 지키는 선비의 고장을 말한다. 안동은 우리나라의 대표적인 추로지향이다. 도산서원 입구에 세워진 공자의 77대 종손 공덕성(孔德成)의 친필 '추로지향' 비석이 이를 입증하고 있다. 나는 안동에서 태어난 것이 참으로 자랑스럽다.

안동은 유교 문화와 씨족 문화가 발달한 역사의 고장이다. 조상 제사는 고조부까지 4대를 모시지만 나라에 큰 공을 세운 사람에게는 조정에서 사당과 토지를 내려 영구히 모시도록 했다. 이러한 신위(神位)를 국불천위(國不遷位)라 하며, 지방 유림에서 공론으로 결정한 불천위를 향불천위 또는 유림불천위라 한다. 안동 지방에는 퇴계 선생과 서애, 학봉 등 불천위가 무려 47위로 다른 지방에 비해 월등히 많다.

고려대에서 수필을 배워 등단한 '여울회' 문우들이 내게 몇 번이나 안동으로 문화유적 답사를 가자고 종용했다. 지도 교수님의 동의로 문학 기행이 전격 성사되었다. 안동에는 문화유적지가 워낙 많아 하루 일정으로는 대상지를 선정하기가 쉽지 않았다. 시청에 연락해 자료를 받고 인터넷을 검색하는 등 준비에 최선을 다했다.

첫 답사는 '하회마을'이었다. 임진왜란 때 7년간 영의정을 지내며 나라를 구한 서애 선생이 태어난 곳으로 2010년 경주 '양동마을'과 함께 '유네스코 문화유산'에 등재된 곳이다. 미국의 부시 대통령 부자(父子)가 모두 다녀갔으며 영국의 엘리자베스 여왕도 방문한 곳이다. 낙동강이 마을을 감싸고 돌아가는 전경은 실로 장관을 이룬다. 강 건너 부용대 아래 솔밭 속에 서애 선생이 『징비록(懲毖錄)』을 집필했다는 옥연정사(玉淵精舍)가 아득히 보였다.

다음 방문지는 임하면 '내앞마을'이다. 이곳은 학봉 김성일 선생이 태어난 곳으로 의성 김씨 집성촌이며 '하회마을'과 함께 영남의 4대 명당마을 중 한 곳이다. 학봉은 선조 때 일본의 침략 여부를 간파하기 위해 조선통신사 부사(副使)로 파견되었던 대학자이며, 서애와 함께 퇴계의 수제자 중 한 분이다. 안동은 전국 기초 자치단체 중 독립유공자가 가장 많이 배출된 곳이며, 이를 상징하여 2007년 이곳에 '경상북도 독립운동 기념관'이 건립되었다.

안동에 대해 말하려면 '병호시비(屛虎是非)'를 알아야 한다. 병호는 서애를 모시는 병산서원(屛山書院)과 학봉을 모시는 호계서원(虎

溪書院)의 각 첫 글자이다. 벼슬은 서애(영의정)가 학봉(관찰사)보다 높았으나 나이는 학봉이 4살 위며, 두 분은 퇴계 선생의 양대 수제자이다. 두 분 중 누구의 위패를 퇴계의 좌측에 배향(配享)할 것인가를 놓고 1620년대부터 논쟁이 시작되었는데 양측 제자들은 물론 하회와 내앞 두 문중 간의 위세 다툼으로까지 확산되어 400년째 내려오고 있는 대사건이다.

다음 방문지는 고성 이씨 종택인 '임청각(臨淸閣)'이었다. 임청각이라는 당호는 도연명의 귀거래사(歸去來辭) 구절 중 '동쪽 언덕에 올라 휘파람을 불고, 맑은 시냇가에서 시를 짓노라'라는 시구에서 임(臨)자와 청(淸)자를 인용하였다. 1519년 건립 당시는 99칸이었으나 전란 때 불타고 지금은 70여 칸만 남아 있다. 상해 임시정부 초대 국무령 석주 이상룡 선생이 바로 임청각의 종손이다. 선생은 경술국치를 당하자 조상의 위패를 땅에 묻고 식솔과 함께 만주로 떠났다. 22년간 독립운동에 처절히 몸 바치다 '나라를 찾기 전에는 내 시신을 환국하지 말라'는 유언을 남긴 채 이국땅에서 서거하셨다. 임청각은 석주 3대를 포함 10명의 독립유공자를 배출한 명실공히 우리나라 독립운동의 산실이다. 임청고탑(臨淸古塔)은 하회청풍(河回淸風), 도산명월(陶山明月)과 함께 안동팔경 중 하나다. 다행히 종손의 삼촌이 계셔 직접 상세히 설명해 주시니 후손인 필자의 체면이 섰다.

점심은 안동 댐 입구에 있는 토속 음식점에서 '간고등어 정식'으로 했다. '금강산 구경도 식후경'이라 했던가? 점심 식사가 늦어서

인지 소찬을 대접했는데도 맛있다며 극찬을 했다. 시간 관계로 당초 계획했던 안동 댐 구경은 제외하고 도산서원으로 직행했다.

가는 도중에 '군자리(君子里)'라는 간판과 고택들이 보이자 일정에 없지만 일행들의 요구로 잠시 들렀다. 군자리는 옛 '외내마을'의 별칭인데 그 유래는 이렇다. 400여 년 전 이 마을에 일곱 분의 군자(광산 김씨: 후조당(後彫堂), 양정당(養正堂), 설월당(雪月堂), 읍청정(挹淸亭), 산남(山南) 봉화 금씨: 일휴당(日休堂), 면진재(勉進齋)가 태어났다. 모두 퇴계의 제자들이다. 군자리란 이름은 퇴계 제자 한강 정구 선생이 안동 부사 재임 시 이곳을 방문했을 때 후손들의 덕행을 칭송하며 "이 마을에는 군자 아닌 사람이 없다."고 감탄하여 후일 군자리라 불리게 되었다. 외내마을이 안동 댐으로 수몰되자 광산 김씨 다섯 정자는 이곳으로 옮겼으며, 봉화 금씨 두 정자는 영남대학에 기증되었다. 봉화 금씨 두 군자 중 맏집인 일휴당의 부친 금재(琴榟)가 이곳 광산 김씨 입향조인 김효로의 사위이며, 일휴당의 누님은 퇴계의 맏며느리이시다. 퇴계의 묘 앞에는 특이하게 며느리의 묘가 있다. 평생 퇴계를 모신 맏며느리가 '죽어서도 시아버지의 혼을 모시고 싶다'고 유언하여 이곳에 안장되었다. 필자의 장인이 일휴당 종손이라 수차 들었던 얘기다.

드디어 이번 여행의 정점인 도산서원(陶山書院)에 도착했다. 이곳은 퇴계가 그토록 소원하던 후진 양성의 꿈을 실현한 학문의 전당이다. 서원 입구에 들어서자 매화꽃 봉오리가 향기를 뿜으며 우리를 반겼다. 매화를 보는 순간 퇴계와 매화 간에 얽힌 사연들이 떠

올랐다. 퇴계는 고향에서 학문을 닦으며 후계양성의 꿈을 실현코자 평생 72회나 사직서를 냈지만 받아들여지지 않았다. 고향 인근에라도 오고 싶어 지방관직을 자청하였으며, 48세에 단양 군수로 부임하게 된다. 속설에 의하면 이때 18세의 관기 두향을 만나는데 두향은 미모뿐만 아니라 시, 거문고 등 다방면에 재능이 뛰어났다고 한다. 8개월 후 퇴계가 풍기 군수로 전보되어 떠나면서 두향에게 이별의 시 한 수를 건넸으며, 두향은 손수 키운 매화 분재를 선물했다고 한다.

물론 허구일 것이다. 어쨌든 퇴계의 매화 사랑은 너무도 지극해 매화를 빙설, 옥설, 청진옥 등으로 부르기도 하고, 의인화하여 매형, 매처, 매선이라고도 불렀다. 때로는 자신과 매화의 역을 바꾸어 증답시(贈答詩)를 주고받기도 했으며, 매화를 소재로 한 107편의 주옥같은 시를 남겼다. 그중에 퇴계가 한양에서 고향으로 마지막 내려오면서 애지중지하던 매화 분재에게 고한 작별시 한 수를 소개한다.

頓荷梅仙伴我涼(고맙게도 그대 매화 나의 외로움 함께하니)
客窓蕭灑夢魂香(나그네 쓸쓸해도 꿈만은 향기롭네)
東歸恨未携君去(귀향길 그대와 함께 못 가 한스럽지만)
京洛塵中好艷藏(서울 세속에서도 고운 자태 간직해 주오)

도산서원은 율곡과도 인연이 깊다. 16세에 신사임당을 여인 율곡은 실의에 빠져 19세에 금강산으로 입산한다. 2년 후 하산하지만 나아갈 바를 몰라 방황하다가 이곳 도산서원으로 58세 노학자 퇴계를 찾아온다. 퇴계는 율곡의 비범함을 간파하고 35세 연하인 그를 자기와 대등하게 예를 갖춰 대한다. 율곡은 이곳에 3일간 머물면서 많은 가르침을 받은 후 居敬窮理(공경한 마음을 견지하여 학문을 탐구하라)라는 네 글자를 받아 평생 좌우명으로 삼는다.

퇴계는 율곡이 떠난 후 제자 월천에게 보낸 편지에 後生可畏(젊은 후배가 두려울 만하다)라 감탄한다. 율곡은 10개월 후 별시에서 「천도책(天道策)」이라는 불후의 명작으로 장원급제를 하였다. 율곡은 49세에 일찍 세상을 뜨지만 퇴계에 이어 우리나라 성리학의 거목으로 추앙받고 있다. 흔히들 인류가 낳은 두 성인 공자와 노자의 만남을 '세기적 사건'이라고 한다. 혹자는 이때 퇴계와 율곡의 3일간 만남을 그에 버금가는 대사건이라고도 한다.

퇴계는 임종하기 전에 자신의 장례식과 묘지를 절대 호화롭게 하지 말 것을 유언하였다. 그의 작은 비석에 새겨진 退陶溪晩隱眞城李公之墓(도산으로 물러나서 만년을 숨어산 진성이공의 묘)라는 소박한 열 글자는 퇴계가 유언에서 남긴 친필이다. 비보를 들은 선조 임금은 영의정을 추증하고 大匡輔國崇祿大夫議政府領議政兼領經筵弘文館藝文館春秋館觀象監事(대광보국숭록대부의정부영의정겸경연홍문관예문관춘추관관상감사)라는 서른 한자나 되는 긴 시호를 내렸다.

서원 경내를 둘러본 우리 일행은 전교당 난간에서 함께 기념사진을 찍었다. 눈앞에는 낙동강이 굽이쳐 흐르고 있었다. 450여 년 전 민족의 큰 어른 퇴계는 이곳 서당에서 학문을 탐구하며 수많은 인재를 길러냈다. 그때도 저 강물은 유유히 흘렀으리라 생각하니 가슴이 숙연해졌다.

안동의 자랑 중 하나가 '국학진흥원'이다. 진흥원 내에는 '유교문화박물관'이 있다. 하지만 당초 계획한 이곳은 시간 관계상 볼 수가 없었다. 일행 중 한 사람이 처음부터 하루 일정으로 계획한 것이 잘못이었다며 한 번 더 오자고 했다. 그날을 기약하며 아쉬운 발길을 돌렸다.

(월드코리안 신문 2014. 7)

무이산 기행

주자의 고향인 중국 무이산(武夷山)에서 국제퇴계학회 주최로 '퇴계학학술세미나'가 개최되었다. 참석 대상은 퇴계학 학습단체인 박약회(博約會)와 고려대 및 성균관대 경전 수강생 그리고 안동지역 유림인사 등 백여 명이었다. 나는 고려대 경전 수강생이면서 박약회 일원으로 참석하게 되었다.

무이산은 절경인 구곡계와 성리학의 시조인 주자를 기념하는 문화유산이 합쳐져 '세계복합유산'으로 유네스코에 등재된 곳이다. 너무 멀어서 무이산을 갈 수 없던 조선시대 선비들은 무이구곡의 산수화를 그려서 벽에 걸어 놓고 주자를 흠모했다.

주자는 퇴계보다 370년 먼저 태어난(1130~1200) 공자의 직계 대유학자다. 그가 창시한 주자학은 1300년경부터 문화혁명 직전까지 육백 년간 중국을 이념적으로 지배했으며, 조선도 사상적으로 엄청난 영향을 받았다. 그가 남긴 저서만도 팔십여 종이 넘으며, 『사서집주』, 『근사록』, 『주자가례』 등 수많은 저서는 당시 중국과 조선에서 학문하는 사람들의 교과서로 사용되었다. '중국의 옛 문화는 태산과 무이로다.'라는 말이 있다. 주나라 때 공자가 태산에서 유학을 세우고, 남송 때 주자가 무이산에서 이를 발전시켜 주자학을 이룸에서 나온 말이다. 우리나라 유학은 고려 때 안향이 전래한 후 정도전에 의해 조선 개국의 근본 사상이 되었고, 퇴계에 의해 전성시대를 이루었다. 중국의 역사와 문화를 좋아해 아홉 번째 여행이지만 이번처럼 가슴을 설레게 한 적은 없었다.

• **오부리**(五夫里)

주자는 원래 안휘성 우계 사람이나 14살 때 아버지가 일찍 돌아가시자 가족과 함께 이곳으로 이사했다. 유병산의 집에 살면서 학문을 배우고 훗날 그의 딸과 결혼했다. 오부리에는 주자가 오랫동안 생활했던 자양루가 있다. 주자가 공부하러 다니던 주자항(주자거리)은 팔백 년이 지나도록 잘 보존되어 있어 골목길을 걷는 감회가 참으로 깊었다.

• **주자와 축씨 묘**

주자 묘는 무이산에서 차로 두 시간 거리다. 묘 입구에 '주자 묘'라는 안내 비석이 있고 묘 앞에는 '사원정'이라는 큰 정자가 있는데, 우리나라 주씨 종친회에서 성금을 모아 세웠다. 일행이 묘소 앞에 도착하자 누가 시키지도 않았는데 일제히 숙연한 마음으로 묵념을 올렸다. 동행한 교수 한 분의 말씀이다. 수년 전 우리나라 유림에서 갓 쓰고 도포 입은 어른들이 단체로 이곳을 방문했는데 묘 앞에 다다르자 누구의 제의가 없음에도 일시에 엎드려 큰절을 올렸다고 한다. 영문을 모르는 외국 관광객들이 이 진풍경에 놀라 사진 찍기에 바빴다. 평생을 공자 왈, 맹자 왈 살아온 분들의 입장에서는 너무도 당연했을 것이나 외국 관광객들이야 어찌 이해할 수 있었으랴. 주자 묘와 한 시간 거리에 그의 어머니 축씨 묘가 있다. 중국의 공산혁명 후 유교문화를 중시하지 않아 방치되었던 이곳 역시 주씨 종친회에서 주변을 정비하고 담장을 시설하였다. 이 소중한 문화재가 타국에 의해 보호되면서 엄청난 입장료만 챙기고 있는 형국이다.

• **삼현사**(三賢祠)

수렴동은 무이산에서 가장 큰 바위산이다. 까마득한 절벽 아래 집 한 채가 있는데 이를 삼현사라 한다. 삼현사는 유자휘, 주자, 유보 삼인을 모신 사당이다. 유자휘는 주자의 스승으로 주자를 데리고 이곳 수렴동에 와서 학문을 가르쳤다. 유보도 수렴동에 은거하며 주자, 채원정 등과 교유한 남송의 대학자이다. 수렴동 암벽에는 '1181년 7월 23일 주자와 채원정이 유보의 초청을 받아 수렴동을 유람했다.'는 주자의 친필이 새겨져 있다. 이를 읽는 순간 내 가슴은 잠시 전율을 일으켰다.

• **천유봉**(天遊峰)

천유봉은 무이구곡 중 5곡과 6곡사이의 천 길 절벽 위에 우뚝 솟은 바위 봉우리로 무이산 최고의 절경이다. 예부터 천유봉에 오르지 않은 사람은 무이산을 구경한 것이 아니라 했다. 천유봉은 해발 408m로 팔백여 개 돌계단을 오르면 마치 천궁 속을 유람하는 것 같아 천유봉이라 했단다. 실 같이 이어진 좁은 길을 올라 정상에 다다르면 천 길 낭떠러지 아래로 휘돌아 흐르는 무이구곡의 옥빛 물길이 감탄사를 자아낸다. 그래서 천유봉에 오르면 도교의 이상 세계인 봉래선경(蓬萊仙境)에 들어선다고 했다. 천유봉 정상에 있는 천유각은 도교의 천궁을 본떠 만들었다는데, 정상에서 내려다본 무이구곡계의 물은 천유봉 아래 쇄포암에서 6곡을 이루며 감돌아든다. 그 절경을 글로써 도저히 표현할 수 없음이 안타까울 따름이다.

• **무이구곡**(武夷九谷)

무이산 경치의 절정은 삼보산에서 발원해 무이산 계곡을 따라 흘러내리는 무이구곡이다. 우리 일행이 탄 열여섯 척의 뗏목배가 그야말로 장관을 이루었으며, 아홉 굽이를 돌고 도는 계곡의 길이는 무려 9.5km로 1시간 반이나 걸렸다. 한 뗏목에는 여섯 명이 탔으며 배 앞뒤에서 사공이 노를 저었다. 우리 배에는 고려대에서 유학경전을 강의하시는 김언종 교수님이 함께 타서 구곡의 각 계곡을 지날 때마다 주자 선생이 쓴 무이구곡가를 낭송하고 해설까지 했다. 굽이굽이 계곡을 돌 때마다 흥에 맞춰 술잔까지 돌리니 우리가 신선이 아니면 누가 신선이랴 싶었다.

850여 년 전 주자는 무이구곡 중 제5곡에 무이정사를 짓고 구곡의 아름다움을 예찬하는 「무이구곡가」를 지었다. 그 무이구곡가는 방대해 다 읊을 수 없으니 본격적인 구곡가 서술에 앞서 지은 오언절구의 명시 한 수를 옮겨본다.

山無水不秀 (산은 물이 없으면 수려하지 않고)
水無山不淸 (물은 산이 없으면 맑지 못하다)
曲曲山回轉 (골짜기마다 산이 돌아가고)
峯峯水抱流 (봉우리마다 물이 감 돌아든다)

武夷山上有仙靈 (무이산 위에는 신선의 영이 있고)
山下寒流曲曲淸 (산 아래 시원히 흐르는 물은 굽이굽이 맑구나)
欲識箇中奇絶處 (그중에 절승지가 어딘지 알고 싶으면)
櫂歌閑聽兩三聲 (뱃노래 몇 가락 귀 기울여 들어보소)

무이산의 구곡은 주자의 「무이구곡가」로 더욱 유명해졌다. 이후 수많은 시인 묵객들이 이런 유형의 노래를 짓게 된다. 그래서 '棹歌首唱自朱子(뱃노래는 주자에서 시작된다)'는 말이 나왔다. 세기적인 사상가요, 철학자이며 문학가인 주자가 풍류까지 겸하다니 실로 말문이 막혔다.

조선시대 우리 조상들이 얼마나 주자를 흠모하였던지 퇴계는 이를 본떠 청량산에 청량정사를 짓고 「도산구곡가」를 지었으며, 율곡은 해주 석담천에 머물면서 무이산 은병봉에서 이름을 따 은병정사를 짓고 「고산구곡가」를 지었다. 그 외에도 한강 정구 선생은 「무흘구곡가」를 짓고 우암 송시열은 「화양구곡가」를 짓는 등 구곡가를 지은 선대 유학자만도 이십여 명이나 된다.

황홀했던 무이구곡의 뱃놀이, 무릉도원과 신선 세계가 어찌 따로 있으랴! 먹다 남은 술병을 손에 들고 뗏목에서 내리니 이곳이 꿈속인지 현실인지 정신이 혼미했다.

(월드코리안 신문 2014. 11)

꿈에 그리던 곡부와 태산

고려대에서 유학경전을 수강한 지 6년째다. 시경을 시작으로 소학, 대학, 중용을 마치고 지금은 논어를 듣고 있다. 상반기 종강을 앞두고 수강생 중 한 분이 논어를 공부하는 학생으로서 어찌 공자의 고향을 가보지 않을 수 있느냐며, 교수님께 건의해 곡부와 태산 탐방이 전격 성사되었다. 7월 1일부터 3박 4일간 일정인데 유학에 관심이 많은 분들이라 40명의 대인원이 쉽게 모집되었다

곡부와 태산은 내가 평소 꼭 한 번 가보고 싶었던 곳이라 가슴이 벅찼다. 결혼 40주년 자축을 명분으로 아내와 같이 가게 되었다. 여름 장마철이라 날씨 걱정을 했으나 다행히 비는 한 차례도 오지 않았으며, 매일 구름이 적당히 끼어 양산이 필요 없는 최상의 날씨였다. 여행은 무엇보다 누구와 같이 가느냐가 중요한데 모두 유학을 숭상하는 분들이고, 특히 강의를 하시는 지도 교수님까

지 함께하여 가는 곳마다 식견 높은 해설을 해 주시니 더없이 즐거운 여행이었다.

인천공항에서 이륙한 비행기가 2시간도 채 못 되어 제남에 안착했다. 버스로 다시 1시간 반 정도 달리니 꿈에 그리던 곡부에 도착했다. 곡부는 춘추전국 시대 800년간 노나라 수도로 역사 서린 도시다. 65만 인구 중 20%가 공(孔)씨라고 하니 이 하나만으로도 대단한 문중임을 알 것 같았다.

다음 날 제일 먼저 찾은 곳은 공묘(孔廟)였다. 공묘는 공자를 모신 사당이다. 기원전 479년 공자가 세상을 떠난 직후에 짓기 시작해 역대 왕조가 확대 개축했으며, 현 건축물은 청나라 때 지었다. 전체 면적이 30여 만 평이나 되며 방의 수가 무려 466개로 북경의 고궁, 태안의 대묘와 함께 중국의 3대 건축물이다. 공묘의 본전인 대성전(大成殿)은 높이 25m, 폭 46m로 중국에서 자금성 다음으로 큰 건축물이다.

대성전에 들어가기까지 여러 개의 문을 거쳤으며, 그 과정에 9개의 안뜰이 있고 곳곳에 역사 서린 비석들이 즐비했다. 대성전 정문인 대성문 동서 양측에는 금성문과 옥진문이 자리하고 있다. 대성문을 지나 대성전 앞에 다다르니 정면 상단 까마득히 높은 곳에 자리한 대성전 현판이 우리를 맞이했다. 황금색의 이 현판은 청나라 옹정제의 친필인데 글자 크기만도 1m가 넘어 보였다.

대성전의 사방 복도는 용이 새겨진 28개의 웅장한 돌기둥이 받치고 있으며, 전면 10개의 각 기둥에 조각된 2마리의 용은 마치

구름을 헤치며 하늘로 솟아오르는 듯했다. 용과 황금색은 황제를 상징하여 황궁에만 사용할 수 있음을 감안하면 당시 공자의 지위가 어느 정도였는지 짐작하고도 남음이 있다. 대성전 안에는 높이 3.3미터나 되는 거대한 공자의 조각상이 위엄을 부리고, 그 양쪽에 안회, 증삼, 공급, 맹가 네 제자의 조각상이 스승을 옹위하고 있었다.

공부(孔府)로 자리를 옮겼다. 공부는 공자의 직계 장손들이 2,500년 동안 거주하던 관저이며 현 건물은 1038년에 세워졌다. 공부의 면적은 25여 만 평으로 방의 수가 463개나 되는 실로 방대한 건축물이다. 한(漢)나라 이후 역대 황제들은 공자를 극진히 존중하여 그의 후손들에게 대대로 제후와 동등한 지위를 부여했으며, 송나라 때부터는 공씨 가문의 대표자에게 연성공(衍聖公)이라는 지위를 내려주었다. 마지막 연성공은 공자의 77대 종손인 공덕성(孔德成)이며, 장개석 정부를 따라 대만으로 건너감으로써 그 직계 후손들은 거의 대만에 거주하고 있단다.

20여 분 버스를 타고 공자의 묘가 있는 공림(孔林)을 찾았다. 공림은 대대로 내려오는 공씨 집안의 가족 묘지다. 60만 평이 넘는 광활한 대지에 10여 만 기의 묘들이 빽빽한 나무와 함께 숲을 이루고 있었다. 공자 묘 앞에 다다르니 대성지성문선왕묘(大成至聖文宣王墓)라는 8자의 비석이 우리들의 머리를 저절로 숙어지게 했다. 무덤 앞 왼쪽에 작은 집 한 채가 탐방객들을 줄로 세우기에 가까이 가서 확인해 보았다. 공자가 세상을 떠났을 때 수많은 제자들이 3년 상을 마치고 다 돌아갔으나 자공(子貢)은 혼자 남아 묘 앞에서 3년을 더 시묘했다는 바로 그 움막 터였다. 말로만 듣던 얘기를 눈으로 확인하니 감회가 벅찼다.

다음 일정은 태산 등정이었다. 태산에는 도교 및 불교 사원과 특정인을 숭배하는 사당 그리고 권세가들의 누각들이 무수했다. 태산의 남쪽 기슭에 위치한 대묘(岱廟)는 태산의 신을 모신 사당이다. 태산이 유명한 것은 고대 제왕들이 나라의 태평을 고하는 봉선제(封禪祭)를 이곳에서 거행했기 때문이다. 기원전 219년 시황제의 시작으로 한나라 무제는 5번, 청나라 건륭제는 11번이나 봉선제를 거행했다. 대묘 난간에서 까마득히 보이는 태산을 바라보니 학창 시절 '태산이 높다 하되 하늘 아래 뫼이로다.'라는 양사언의 시조가 생각났다. 그때는 태산이 실로 엄청 높은 줄만 알았는데 태산은 해발이 낮은 평지에 솟은 산이라 그렇지 실제 높이는 1,545m로 한라산보다도 낮았다. 태산은 화산, 숭산, 형산, 황산과 더불어 중국의 5대 명산으로 꼽히며, 이 중에서 태산을 으뜸으로 여겨 오악지장(五岳之長) 또는 오악독존(五岳獨尊)이라 일컫는다.

셔틀버스를 타고 계곡과 산등성이를 돌아 중천문에 오른 후 다시 이 산의 명물인 케이블카를 타고 남천문에 도달했다. 남천문에서 정상으로 가는 길은 770개의 돌계단으로 이루어져 있으며 그 과정에 '천국의 경계선'이라는 천하절경 승선방이 있다. 여기서 숨을 몰아쉬며 20분을 더 오르니 정상인 옥황정이 나타났다. 잠시 아래를 내려다보니 내가 구름을 타고 하늘을 날고 있다. 그렇다면 나는 하늘나라의 신선이란 말이 아닌가? 그렇다. 천상의 옥황상제 앞을 날고 있는 내가 신선이 아니면 누가 신선이랴! 꿈이 아닌가 싶어 내 살을 꼬집어 보니 생시가 분명하다. 하산하라는 동료들의 소리에 정신을 차리니 내가 서 있는 곳은 바로 태산의 정상이었다.

공자는 30대 중반에 이 산에 한 번 오르고 말년에 애제자 안회와 함께 한 번 더 올랐다고 한다. 登泰山而小天下(태산에 오르고 나서 천하가 작다는 것을 알았다)라는 유명한 말도 이때 남긴 말이다. 오늘날과 같은 도로와 차량도 없고 케이블카도 없는 상황에서 노구를 이끌고 이 높은 정상까지 올랐다니 실로 믿어지지가 않았다.

곡부와 태산, 조선의 선비들이 그토록 가보고 싶어 하던 곳이다. 우리 선조들은 공자의 문묘에 배향 한 번 하기를 얼마나 소원했던가! 나 역시 언젠가는 꼭 한 번 가보고 싶어 꿈속에 그리던 곳이다. 버킷리스트(죽기 전에 꼭 해보고 싶은 일) 하나를 해결했으니 이 또한 의미가 있었다.

(월드코리안 신문 2018. 7)

딸과 함께한 자유여행

딸아이가 느닷없이 말했다. "스페인과 포르투갈 자유여행을 가려고 하는데 아빠도 같이 가실래요? 경비는 제가 부담할게요." 너무 의외라 무어라 대답할 수 없었다. 정년퇴직을 앞두고 아내와 서유럽 여행을 계획하고 있던 참이다. 고맙지만 나만 갈 수도 없어 대답을 유보했다. 나중에 알고 보니 딸이 아내에게 먼저 얘기했으나 친구들과 이미 다녀온 코스라 "아빠를 모시고 다녀왔으면 좋겠다." 고 한 것이었다.

딸이 혼기가 차도록 결혼하지 않아 무척이나 애를 태우고 있었다. 최근에 와서는 갈등도 쌓이고 있었다. 이번 여행이 소통의 계기가 될 수 있지 않을까 싶기도 했다. 그래서 딸에게 여행을 함께 가자고 흔쾌히 대답했다. 여행 중 분위기를 봐서 결혼을 종용해 봐야겠다는 생각도 했다. 그런데 출국을 며칠 앞두고 딸이 약속을 요구했다. 여행기간 중 절대 결혼 얘기를 해서는 안 된다는 것이었다. 약속하지 않을 수 없었다.

딸은 직장 내 '간부 요원 해외연수 교육'에 발탁되어 미국에서 1년간 교육을 마치고 막 돌아왔다. 교육 후 생긴 여유 일정에 휴일을 보태어 18일간의 긴 자유여행 계획을 세운 것이다. 우연히 내 퇴직 시기와 일치해 정년 축하의 의미도 담게 되었다. 딸의 여행 계획은 놀라울 정도로 치밀했다. 각 방문 도시에 대한 관광 일정과 호텔 예약, 도시 간 이동 교통편 파악 및 예약, 주요 유적지 입장권 예약, 현지 한국인 가이드 신청, 인기 음식점 파악 등 상상할 수 없을 정도로 완벽했다.

드디어 딸과 함께한 꿈의 열차가 시동을 걸고 출발했다. 딸이 영어 회화가 능숙해 가는 곳마다 통역과 해설을 해 주니 호기심 많은 나로서는 더 이상 바랄 것이 없었다. 수시로 "춥지 않느냐? 다리 아프지 않느냐? 음식은 입에 맞느냐?"며 마치 어린애 대하듯이 챙겨 주니 몸 둘 바를 몰랐다. 내 딸에게 이토록 살갑고 애틋한 구석이 있는 줄은 나도 이번에 비로소 알게 되었다.

여행 일정은 포르투갈을 먼저 3일간 경유하고 나머지 일정은 모두 스페인이었다. 그래서 스페인의 감동적인 순간들만 기억을 되살려 정리해 본다. 지중해의 이베리아반도에 자리한 스페인은 지리적 이점을 바탕으로 일찍이 해양강국이 되었으며, 콜럼버스를 지원하여 아메리카 신대륙을 선점했다. 인구는 남한보다도 적은데 국토는 5배나 된다. 스페인어를 모국어로 사용하는 나라가 22개국으로 영어국보다도 많다는 사실은 이번에 알았다. 7세기부터 800년간 이슬람 왕조 지배를 받아 이슬람과 가톨릭 문화가 양립하는 독특한 문화를 이루었다. 가는 곳마다 세계적인 문화 유적이 즐비해 해외 관광객이 연간 6천만, 관광 수입은 60조로 유럽 1위를 차지한다.

첫 방문지는 세비야였다. 저녁 늦게 숙소에 도착했으나 가슴이 설레어 방안에 머물러 있을 수가 없었다. 말로만 듣던 세비야대성당 야경을 보러 나갔다. 규모의 웅대함에 절로 탄성이 나왔다. 폭 116m, 높이 76m로 로마의 산피에트로와 런던의 세인트폴 대성당에 이어 세계 3대 성당이란다. 다음 날 내부로 입장하니 예배당의 주 제단은 20톤의 황금으로 성경에 나오는 수많은 장면들을 조각해 화려함의 극치를 이루고, 모든 벽면은 고야 등 세계적 화가들의 명화로 장식하여 미술관을 방불케 했다. 대성당 남문 안쪽에 스페인의 과거 국력을 상징하는 콜럼버스의 시신이 안치된 관을 당시 스페인 4대국 왕들이 받들고 있어 눈길을 끌었다. 대성당 외벽과 접한 히랄다 탑은 높이가 무려 98m로 하늘을 찔렀다. 말을 타고 오르내렸다는 그 탑의 경사로를 걸어서 전망대에 오르니 세비야 시내가 한눈에 조망되었다.

다음에는 이사벨라 여왕이 1492년 이슬람 왕조를 마지막으로 함락시킨 그라나다로 갔다. 이슬람 문화가 가장 많이 남아 있는 곳이며, 대표적 유적이 알람브라 궁전이다. 이슬람 나스르왕조의 무하마드 1세가 짓기 시작해 14세기에 완성했다. 그 역사성 때문인지 관광객이 인산인해를 이루었다. 이슬람 마지막 왕조 보아브딜 왕은 이 궁전을 손상하지 않기 위해 전쟁 없이 궁을 양도하면서 '나라를 잃는 슬픔보다 궁전을 잃는 슬픔이 더 가슴 아프다.'며 통한의 눈물을 흘렸다.

코르도바로 이동했다. 현재는 30만 중소도시이나 10세기엔 인구 50만의 이슬람왕국 중심지였다. 대표적 유적은 메스키타이다. 아브드알라흐만 1세가 785년 건립하기 시작해 200년 후 완성한 세계 최대 회교사원이다. 원래는 기둥만 해도 1,293개나 되는 거대 사원이었으나 현재는 856개만 남아 있다. 페르난도가 코르도바를 점령했을 때 이 메스키타의 중앙 일부를 헐고 내부 한가운데에 성당을 지었다. 이때 카를 5세는 '어디에도 없는 것을 부수고 어디에나 있는 것을 지었다.'며 한탄했다. 하지만 지금은 이슬람과 가톨릭 문화가 혼재하는 '어느 곳에서도 볼 수 없는 독특한 건축물'로 평가받는 명소가 되었다.

수도 마드리드에 입성했다. 이곳에는 방의 수만도 2,800개나 되는 유럽 최대의 마드리드왕궁이 있다. 왕궁의 외곽을 돌아본 후 세계 3대 미술관으로 전시된 그림만도 5천 점이 넘는다는 프라도 미술관을 찾았다. 엘 그레코, 고야, 벨라스케스, 피카소 등의 명작을 구경하고 나서 옛 카스티야 왕국의 수도였던 톨레도로 이동했다. 엘 그레코가 말년에 머물렀던 곳이란다. 그의 저택과 박물관을 돌아보고 나니 또 하루해가 저물었다.

드디어 바르셀로나에 도착했다. 카탈루냐 지방의 주도로 1992

년 하계올림픽이 개최되었던 곳이다. 몬주익 언덕에는 그 대회 마라톤 금메달리스트인 황영조의 동상이 있었다. 이 도시는 천재 건축가 가우디의 작품으로 유명하다. 까사밀라, 구엘공원 등 그의 유명작품들을 둘러본 후 사그라다 파밀리아 성당에 도착했다. 성당 규모가 가로 150m 세로 60m이며, 그리스도를 상징하는 중앙 돔 높이는 무려 172m로 하늘과 맞닿아 있었다. 가우디가 설계해 132년째 짓고 있는 이 성당은 13년 후 완공 예정이란다.

다음 날 지하철로 몬세라트를 찾았다. 이게 어찌된 일인가? 어제 인간의 최대 걸작인 파밀리아 성당을 보고 놀란 가슴이 미처 가라앉지도 않았는데 오늘은 자연이 만든 최고의 걸작이라는 1,238미터의 '몬세트라 바위산'을 만났다. '자연은 신이 만든 건축이니 인간은 자연을 배워야 한다.'고 말한 가우디는 이 바위산을 보고 얻은 영감으로 파밀리아 성당을 설계했다.

이제 황홀했던 대드라마가 막을 내렸다. 지중해 해변을 딸과 함께 거닐고, 인파를 헤치며 시내 야경을 구경했다. 걷다가 다리가 아프면 벤치에 앉아 아이스크림을 사 먹었으며, 배경 좋은 곳이면 어디에서나 머물러 카메라 셔터를 눌러댔다. 실로 꿈같은 18일이었다. 어느 연인과 함께한들 이보다 더 행복할 수 있으랴!

(2015. 2)

버킷리스트

골프는 정말 묘할 정도로 재미있는 운동이다. 어떤 한 가지 일을 지나치게 좋아하거나 열중하는 사람을 '마니아'라 한다. 나도 한때 골프마니아라는 말을 들은 적이 있다. 나의 버킷리스트를 말하라고 하면 그 첫 번째가 '골프를 원 없이 한번 쳐 보는 것'이었다.

흔히들 글의 소재로 피해야 할 세 가지를 늙는 얘기, 아픈 얘기, 그리고 손주 자랑이라고 한다. 거기에 하나를 더한다면 골프 얘기가 아닐까 싶다. 자랑으로 비치기 쉬우며, 골프를 치지 않는 사람들에게 거부감을 줄 수 있기 때문이다. 그래서 지금까지 골프 치는 글은 한 편도 쓴 적이 없다. 하지만 이번만큼은 도저히 그냥 묻어 둘 수가 없다.

골프는 비용이 비싸고 부킹도 어려워 라운딩 한번 하기가 실로 쉽지 않다. 공직자는 남의 이목 때문에 더욱 어렵다. 퇴직을 하고 나니 남의 눈치로부터 해방되었다. 그래서 퇴직 후 작심하고 시작한 연중행사가 '부부 해외 골프투어'다. 이번이 7년째이다. 작년까지는 비용에 치중해 더운 계절인 동남아시아를 3월 초에 주로 갔다. 하지만 금년에는 고희(古稀)를 명분으로 다소 비싸지만 덜 더운 계절인 11월 말로 택했다. 기간도 8박 10일로 여유 있게 잡았다. 방콕에서 북쪽으로 2백여 km에 위치한 '나라힐골프장'이었다.

이번 투어는 과년과는 특이했다. 단체로 가지 않고 아내와 단둘이 갔으며, 현지에서도 타인과는 한 번도 조를 짜지 않았다. 과거에는 비용이 부담되어 하루 27홀을 돌면서 어쩌다 한 번씩 36홀을 돌았으나 이번에는 8일간 줄기차게 36홀을 돌았다. 사람들이 붐비지 않고 진행이 순조로워 그야말로 황제골프를 쳤다.

날이 채 밝기도 전 새벽 5시 모닝콜을 한 후 6시에 아침 먹고, 곧바로 라운딩을 시작하면 점심시간인 11시경에 27홀이 끝났다. 식사 후 숙소로 돌아와 에어컨을 켜고 샤워를 하고 나면 날아가는 기분이다. 독서와 낮잠 등 마음껏 휴식을 취하다 햇볕이 약해지는 3시경에 남은 9홀을 마저 돌고 나면 저녁 식사 시간인 5시가 된다.

저녁 식사를 하고 나면 한가한 자유시간이다. 코코넛 나무 사이로 푸른 잔디밭이 비단 물결을 이루고, 곳곳의 크고 작은 호수들의 운치가 눈을 황홀케 했다. 아내와 둘이 그 대자연 속을 거닐며 이국의 정취를 만끽하였다. 숙소로 돌아오면 YTN이 24시간 국내 뉴스를 전해 주니 이곳이 국내인지 국외인지 혼돈되었다.

아내는 잘하는 운동이 별로 없는데 골프는 좋아할 뿐만 아니라 소질도 있는 편이다. 비거리는 다소 짧지만 어프로치와 퍼팅이 정교해서 60대 중반의 나이에 보기플레이를 넘나든다. 젊은 시절에는 부부가 시합을 하면 내가 항상 몇 타씩 이겼으나 비거리가 줄어들기 시작한 수년 전부터는 내가 열세를 면치 못하고 있다. 출국하면서 아내가 내기를 하자고 제의했다. 한 타에 천 원씩 하되 룰을 칼같이 지킬 것이며, 절대 봐주거나 우기지 않기로 약속했다. 첫날부터 팽팽한 긴장이 연속되었다. 골프의 매력은 이러한 치열함에 있다는 말이 실감났다.

라운딩을 마치고 모아 놓은 스코어카드를 집계하니 총 16라운드에 내가 38타를 이겼다. 버디를 한 수도 12대 5로 내가 압승했다. 그동안 받아온 수모를 이번에 말끔히 씻은 셈이다. 나만 전지훈련의 효과를 본 것 같아 조금은 미안하기도 했다. 정산을 하려는 아내에게 그동안 내가 부도냈던 것을 모두 면제받는 조건으로 돌려주었다. 매일 저녁 얼굴에 팩을 붙여 준 고마움에 대한 대가이기도 했다.

캐디를 잘 만난 것도 즐거운 라운딩에 한몫했다. 의무적으로 각자 단독 캐디를 써야 하는데 우리는 남녀 두 사람을 배정받았다. 여자 캐디는 노련하고 상냥했으며 남자는 활력과 유머가 넘쳤다. 언어 소통도 전혀 문제가 없었다. 첫 버디를 했을 때 20바트(8백원)짜리 지폐 1장씩을 줬더니 얼마나 좋아하는지 주는 우리가 더 기뻤다. 만 원을 받고도 표현에 인색한 국내 캐디들과 너무도 비교되었다. 불교 나라인 그들은 돈을 받을 때마다 꼭 고개 숙여 합장했다. 너무 친절해 버디를 할 때마다 팁을 계속 주지 않을 수가 없었다. 당일 배정된 캐디를 다음 날 계속할지 여부를 결정해야 하는데 우리는 전 일정을 함께했다. 라운딩이 끝난 후 넷이 인증샷을 남기고 오래도록 손을 흔들며 아쉬움을 달랬다.

지금까지 살면서 잘한 일 중 하나가 골프를 배운 것이다. 부부가 골프를 치고 나면 할 얘기가 왜 그리도 많은지 상대의 웬만한 과오는 모두 용서가 되었다. 지난 세월 뒤돌아보니 부부가 간식 배낭을 둘러메고 프로골프대회 구경 다니던 추억을 잊을 수 없다. 아내와 함께 걷는 인생 후반의 여로, 푸른 잔디와 흰 공이 있어 외롭지 않다. 골프를 배운 지 24년째이다. 드디어 내 첫 번째 버킷리스트를 해결하였다.

(월드코리안 신문 2019. 12)

완행열차

구리시 갈매신도시로 이사했다. 행정구역은 구리시이나 살던 서울시 공릉동과는 길 하나 사이다. 우리 아파트는 산자락 끝에 위치해 전망이 너무 좋다. 저 멀리 우뚝 솟은 불암산이 철따라 옷을 갈아입으며 자태를 뽐내고, 그 아래 펼쳐진 육사 골프장이 한눈에 조망된다. 뒤편 산기슭에는 보현사 대웅전이 숲속에 몸을 숨긴 채 지붕만 드러내어 하늘과 속삭인다. 그 위를 흐르는 뭉게구름이 수시로 모양을 바꾼다.

나이 탓인가? 세월 흐르는 소리가 귀에 들린다. 아파트 12층 베란다에서 내려다보니 경춘선 철로를 따라 달리는 열차가 나를 유혹한다. 오늘따라 불현듯 열차가 타고 싶다. 그것도 최대로 느린 완행열차였으면 더 좋겠다. 저 열차처럼 앞만 보고 달려온 지난 세월이 너무도 안타깝다. 창밖을 바라보는 아내의 모습에서 애잔함이 느껴진다.

내 마음을 감지했는지 아내가 고개를 돌린다. "춘천행 청춘열차를 한번 타고 싶지 않느냐?"고 내가 물었다. 느닷없는 말에 "내일은 해가 서쪽에서 뜨겠네?" 하며 너무 좋아한다. 소양강댐 주변을 둘러보고 춘천 닭갈비와 막국수를 먹으러 가자고 했다. 실은 내가 완행열차를 타고 싶어 제안한 것인데 자기를 위한 선심이라 생각하는 것 같다. 대단한 일도 아닌데 저렇게 좋아하다니! 돌이켜 보니 39년을 함께 살면서 이런 여유 한번 부리지 못한 것 같다. 아내를 위한 이벤트인 양 시치미를 떼고 출발을 서둘렀다.

20여 년 전만 해도 새마을호는 정말 빠른 기차였다. 요금이 너무 비싸서 아무나 탈 수 없었다. 나도 안동에서 서울을 수없이 오르내렸지만 새마을호는 감히 탈 엄두조차 내지 못했다. 특급열차도 다섯 시간 이상 걸렸는데 수시로 연착을 했다. 2004년부터 경부선에 KTX가 운행되기 시작했다. 안동보다 두 배나 먼 거리의 부산을 2시간에 갈 수 있게 된 것이다. 그야말로 상전벽해를 한 것이다.

드디어 춘천행 청춘열차를 탔다. 완행과 특급 두 종류가 있으나 한 시간 십 분 소요되는 완행열차를 선택했다. 모처럼 열차 좌석에 앉으니 왠지 가슴이 설레었다. 창밖을 보니 저 멀리 조그마한 초등학교 진입로에 핀 코스모스가 바람에 한들거리며 나를 향해 손짓했다. 아득한 어린 시절 청량한 가을 하늘에 만국기가 펄럭이던 운동회가 연상된다. 잠깐 고개를 돌리니 맞은편에 앉은 두 젊은 연인이 컵라면 하나에 이마를 맞대고 같이 먹고 있다. 그 옛날 중앙선 밤차를 타고 시골로 내려갈 때 어느 간이역에서 가락국수를 사 먹던 기억이 문뜩 났다. 몇 젓가락도 되지 않던 그 국수는 참으로 꿀맛이었다. 상념에 젖어 든 사이 어느덧 춘천에 도착했다.

춘천은 의암, 춘천, 소양강 세 개의 댐에 둘러싸인 천혜의 호반 도시다. 그중 73년도에 준공된 소양강 댐은 높이가 123m나 되는 대형 댐이다. 저수량이 무려 29억 톤으로 북한강 수계의 다른 네 개의 댐을 모두 합한 것의 네 배나 된다. 20만kw 발전기로 연간 3억 5천만kwh의 전력을 생산할 뿐만 아니라 수도권의 용수 공급과 홍수 조절에도 기여하는 다목적 댐이다. 오늘날 서울이 한강의 홍수로부터 안전한 것도 이 댐 덕분이다.

춘천에 사는 문인들을 만나면 늘 호반의 도시를 자랑했는데 충분히 그럴 만하다는 생각이 든다. 사람들이 길게 줄을 선 곳이 있어 무슨 일인가 알아 보니 이름난 닭갈비와 막국수 집이었다. 아름다운 경관에 취해 시장한 것도 잊고 걸었던 것이다. 순서를 기다려 자리를 잡으니 소문난 집이라 그런지 맛도 좋았다. 막걸리까지 한 잔 걸치니 세상에 부러울 것이 없었다.

나는 한때 정년퇴직이 세상 끝인 양 걱정하며 제2의 인생을 어떻게 살 것인가 괴로워한 적이 있다. 입에 풀칠할 정도만 되면 백수(白手)보다 나은 팔자도 없겠다는 생각이 들었다. 철학자요, 수필가인 김형석 교수는 인생의 황금기를 65세부터 10년간이라고 했다. 그렇다면 나는 이제 막 황금기에 접어든 나이가 아닌가?

오늘이란 내 남은 생애의 첫날이며, 어제 떠난 어떤 이가 그토록 살고 싶어 하던 내일이 아니던가. 곰곰 생각하니 나는 지금까지 이미 지나가 버린 어제에 미련을 두고, 어떻게 될지도 모르는 내일을 너무 걱정했으며, 그토록 소중한 오늘은 정작 무의미하게 허비했던 것 같다. 앞으로는 정말 하루하루 오늘을 즐기며 살아야겠다.

모처럼 아내와 함께한 짜릿한 나들이였다. 돌아오는 열차에 몸을 실었다. 석양을 향해 북한강을 굽이굽이 도는 열차가 마치 뱀이 꼬리를 치는 듯했다. 실로 얼마 만에 타보는 완행열차이던가! 내 인생도 이 열차처럼 완행으로 흘렀으면 좋겠다.

(월드코리안 신문 2017. 9)

5부

나만의 공간

- 간사한 인간의 마음
- 소중한 내 다리
- 나만의 공간
- 고난의 홀로서기
- 정년 없는 평생직장
- 자연인이 따로 없다
- 묘한 인연
- 아내의 아킬레스건

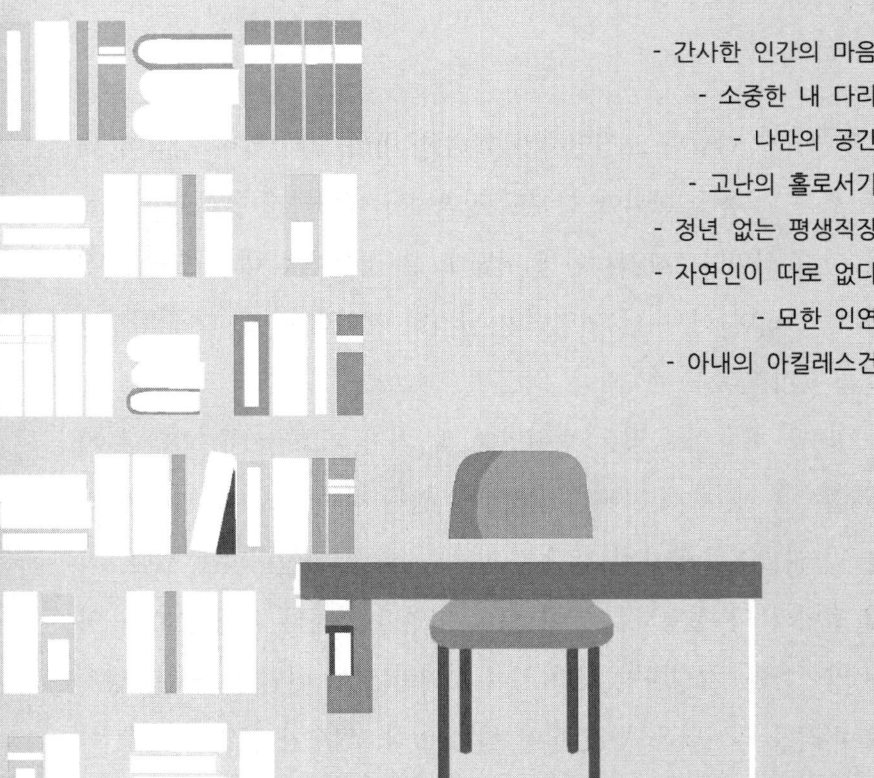

간사한 인간의 마음

평생직장 마지막 보직인사가 기대한 대로 되지 않아 상심이 너무 컸다. 마음을 비워야 함에도 집착에서 벗어나지 못하고 괴로움을 안고 살았다. 제2의 인생 어떻게 살 것인가에 대한 고심도 깊었다. 그러던 어느 날 기억력이 급격히 저하되는 것 같아 삼성병원을 찾아갔다.

가벼운 마음으로 찾은 병원인데 몇 가지 기초검사를 하더니 치매 검사를 해 보자고 했다. 2시간에 걸친 각종 검사 후 말수가 적은 의사는 결과에 대한 별다른 설명도 없이 약을 처방해 줬다. 집에 돌아와 약 설명서를 읽어 보니 기억력 저하와 치매 초기에 먹는 약이란다. 그렇다면 내가 치매 초기란 말이 아닌가! 순간, 망치로 머리를 얻어맞은 듯 정신이 핑 돌았다. 말수가 없던 의사를 이상하게 생각했는데, 이제 와 생각하니 치매 환자인 내게 무슨 할 말이 있겠나 싶었다.

정신을 가다듬고 내 방으로 들어가 치매에 대한 정보를 검색했다. 우리나라 치매 환자는 50만 명에 육박하며 최근 급격히 증가 추세였다. 치매 진단을 받으면 정상적인 사고는 2년 정도밖에 할 수 없으며, 7년 정도 생존 가능하다. 현재까지 치료약은 개발되지 못했다.

그동안 얼마를 살더라도 치매만은 걸리지 말아야 된다는 말을 수없이 들어왔으며 나 또한 절실히 공감했다. 그런데 내가 바로 그 치매에 걸렸단 말인가? 어느 누구에게도 내가 치매일지 모른다는 얘기는 하고 싶지 않았다. 오만 생각으로 밤을 꼬박 지새웠다. 지나온 내 인생을 생각하니 억장이 무너져 내렸다.

하루 이틀 지나면서 불면증까지 겹쳤다. 하루는 서울대 분당병원에서 치매 관련 세미나가 있다기에 근무 중에 외출을 달고 몰래 참석했다. 큰 강의실이 환자로 대만원이었다. 모두 수심에 가득 찬 치매 환자인 것 같았다. 당시 나는 마지막 보직인 성남 지사장으로 근무하고 있었다. 그 속에 내가 앉아 있다는 사실이 너무도 처량하고 어이가 없었다.

악몽 같은 며칠이 지나면서 몸과 마음은 더욱 초췌해졌다. 하루는 자식들한테 비밀을 전제로 아내에게 그간의 경위를 털어놓았다. 아내는 절대 인정할 수 없다며 다른 병원에 가서 재검을 받아 보자고 했다. 그러나 나는 차일피일 미루었다. 재검 결과 치매로 확정받는 것이 너무 두려웠기 때문이다. 내 스스로 치매라고 확신해 버린 것이다. 절대 치매가 아닐 것이라는 아내의 말도 전혀 위로가 되지 않았다.

달포 정도 지난 후 비가 내리는 어느 날 밤이었다. 정신이 맑을 때 사랑하는 가족에게 하고 싶은 말이라도 남겨야겠다는 생각이 들었다. 유언장을 쓰기로 마음먹었다. 식구들 각자마다 할 말이 굉장히 많을 것 같았는데 막상 쓰려고 하니 할 말이 없었다. 가족 전체를 대상으로 '잘 살아라.'라는 말 외에 의미 없는 몇 줄을 보태 마무리했다.

마지막 가는 길은 오직 혼자라 했던가? 그 의미를 알 것 같았다. 아무도 손을 잡을 사람이 없었다. 하지만 어찌하랴. 앞으로 정상적인 사고를 할 수 있는 시간은 2년뿐이다. 그 시간만이라도 의미 있게 살아야겠다는 생각이 들었다. 가족과 주변을 위해 그간 하지 못했던 최소한의 도리와 봉사라도 하고 싶었다. 그 2년이라도 맑은 정신이 유지되었으면 하는 마음 간절했다.

며칠 후 아내가 다른 병원에 예약이 되었다며 가자고 했다. 그렇지 않아도 한번 재검을 해보고 싶던 차였다. 고마운 마음으로 순순히 따라나섰다. 담당 의사는 중년의 여성이었다. 그간의 정황을 경청 후 몇 가지 기초검사를 하더니 "심한 스트레스로 인한 우울증과 공황장애가 겹쳤으며, 치매가 아닌 것은 100% 확신한다." 고 했다. 그 한마디에 나는 구세주를 만난 것 같았다. "선생님! 그러면 저도 아직 희망이 있단 말입니까?" 하고 나도 모르게 소리를 질렀다. 밖으로 뛰쳐나가고 싶은 충동을 느꼈다. 의사의 말 한마디가 이토록 사람을 죽이고 살릴 수 있단 말인가? 잠시 후 의사가 "한 달만 더 지체되었으면 몸이 치명적으로 상할 수도 있었다."며 아직 늦지 않았으니 지금부터 치료를 해보자고 하였다.

일단 6개월을 예정하고 치료에 들어갔다. 마음을 편하게 갖고 치료에 협조하지 않으면 회복이 늦어질 수 있다며 몇 번이나 주의를 줬다. 죽었던 목숨이라 생각하니 매사가 너무 감사했다. 산다는 것이 별것도 아닌데 작은 그 무엇에 너무 집착했던 자신이 한심했다. 그날부터 의사가 시키는 대로 약을 잘 챙겨 먹었으며, 운동도 열심히 하고 해외여행도 수시로 다녔다. 기회만 되면 골프를 쳤으며 사람들도 많이 만났다. 처방 약을 일정에 따라 차츰 줄여 나갔다. 예정보다 빨리 2개월 만에 완치 판정을 받았다. 의사 선생님도 전례가 드문 일이라며 기뻐하셨다.

그 후 2년의 세월이 흘렀다. 맑은 정신이 유지되기를 그토록 간절히 소망했던 바로 그 2년이다. 내 일상은 예전과 다름없이 바쁘게 돌아가고 있다. 그런데 가족과 주변을 위해 봉사하며 살겠다던 그 간절했던 마음은 대체 어디로 갔을까? 이토록 간사한 것이 정녕 인간의 마음이던가!

(2012. 10)

소중한 내 다리

걷기에 부쩍 재미를 들였다. 10년 넘게 조깅을 하다가 지난해부터 걷기로 전환했다. 걷는 곳은 주로 집 근처의 대학 캠퍼스이다. 고목이 우거져 산림 속을 방불케 한다. 체중 관리가 주목적이지만 걷는 동안만은 모든 잡념에서 벗어날 수 있어 좋다. 하루에 걷는 양은 만 보 이상이 목표이다. 대략 1시간 20분 정도 소요된다.

그런데 달포 전부터 다리에 이상이 생기는 듯했다. 오른쪽 다리가 조금씩 저리고 통증이 감지되었다. 며칠 지나면 괜찮아지겠지 하고 운동량을 줄여 보았지만 회복되지 않았다. 한의원에서 침을 맞아보아도 차도가 없다. 그토록 쾌감을 느끼며 열정을 쏟던 일상인데 그 행복을 빼앗아 갈까 봐 참으로 걱정이다. 정형외과에서 MRI를 찍어보니 다행히 디스크는 아니란다.

가만히 생각해 보니 내 다리는 주인을 잘못 만나 60년 넘게 몸

시도 고생하고 있다. 초등학교 시절에는 운동회 때마다 청백 계주 선수로 뽑혀 고생시켰으며, 중학교 때는 도민체전에 안동시 중등부 대표로 선발되어 몇 개월간 혹사했다. 직장에서도 체육대회 때마다 마라톤, 축구 등 대표 선수로 발탁되어 많이도 부려먹었다. 한때는 등산에 미쳐 각종 산악회에 가입해 전국을 돌아다녔다. 내 다리는 전천후인 줄로 착각했었다. 그러다 보니 넘어지고 겹질리고, 타박상이다 골절이다 많이도 병원을 드나들었다. 한번은 테니스를 하다가 인대가 끊어져 3주 동안 목발을 짚은 적도 있다. 그 때마다 빨리 낫기만 독촉할 뿐 다리의 소중함을 알지 못했다. 미안한 마음도 가져본 적이 없다.

몸의 어느 한 부위도 중요치 않은 곳은 없겠지만 신체 부위 중 다리의 중요도는 어느 정도일까 생각해 보았다. 머리, 이목구비, 오장육부 등과는 상대적으로 비교할 수 없을 것 같다. 기능이 유사한 팔과 비교해 보았다. 당연히 팔이 더 중요하지 않을까 생각되었다. 그러나 곰곰 생각하니 그렇지 않았다. 팔은 한쪽이 불편해도 다른 쪽으로 대신할 수 있다. 불편하지만 돌아다닐 수도 있다. 하지만 다리는 그럴 수 없지 않은가!

그런데도 우리는 팔에 비해 다리를 홀대하고 있다. 먼저 호칭부터 차별이다. 대부분의 사람들은 팔다리라고 하지 다리팔이라고 하지 않는다. 다리의 입장에서는 꽤나 속이 상할 법하다. 누구나 손톱은 정성 들여 깎아 주고, 다듬고, 화장도 시키지만 발톱은 남이 잘 보지 않는다는 이유만으로 대충 관리한다. 외출했다 돌아오면 손은 자주 씻어 주고 로션도 발라 주면서 발은 그냥 방치한다. 또한, 장갑은 비싸고 예쁜 것을 많이도 만들면서 양말은 상대적으로 싸구려만 만들고 있다. 뿐만 아니라 벌을 줄 때도 회초리는 주로 다리에 가한다. 묵묵히 맡은 바 소임을 다한 죄밖에 없는데 이 얼마나 불공정한 대우인가? 우리가 그렇게 대해서인지 그 못된 무좀도 죄 없는 발에만 생겨 고통을 준다. 그런데도 사람들은 발 관리는 제대로 하지 않고 지독한 약만 발라댄다.

신체 부위 중에서 내용연수에 가장 취약한 것이 무릎 관절인 것 같다. 장수시대에 접어들면서 너도나도 인공관절 수술을 하느라 야단이다. 진작 다리의 소중함을 알고 잘 관리하였다면 그런 수술 하지 않아도 될 터이다. 안타깝기 그지없다. 교육과 홍보를 소홀히 한 보건당국과 의학계의 책임도 적지 않은 것 같다.

오늘도 나는 다리의 소중함을 생각하며 한 걸음 한 걸음 내딛고 있다. 앞으로는 팔과 차등을 두지 않고 아끼고 사랑하리라. 오래도록 잘 버티어 줬으면 하는 마음 간절하다.

(초회등단 작품. 『수필문학』 2013. 11월호)

나만의 공간

오래전부터 고대해온 소망이 하나 있다. 누구에게도 말하지 못하고 혼자 마음속에 간직하며 지냈다. 수년 전 『수필문학』으로 등단 후부터 서적이 점차 늘어나자 욕구가 더욱 간절해졌다. 그 소망이란 바로 작고 아늑한 나만의 공간, 서재를 갖는 것이다. '갈망하면 언젠가는 이루어진다.'고 했던가? 결혼 38년 만에 드디어 그 꿈이 이루어지게 되었다.

내 인생은 이사로 점철된 역사라 해도 과언이 아니다. 미혼 시절 하숙방 이사 횟수는 셀 수도 없다. 결혼 후 가족 전체의 이사만도 9번을 했으며, 지방 인사이동에 따른 독신 이사까지 포함하면 무려 16번이나 된다. 그중에서 가장 오래 머물렀던 곳이 지금까지 살았던 공릉동 풍림아파트이다. 만 15년을 살았다. 결혼 후 23년 동안 국민 주택 규모 미만의 작은 집을 전전긍긍하다가 처음으로 살아본 방 4개의 40평대 집이었다.

하지만 서재를 만들 수가 없었다. 그 기간의 대부분은 아이들이 고등학교와 대학을 다니던 시기였다. 공부방이 우선이었기 때문이다. 그 후 아이들이 취업하고 독립하게 되어 방의 여유가 생겼다. 하지만 그때는 방마다 가재도구가 가득 쌓여 도저히 서재를 만들 수 없었다.

어느 날 아내가 이사를 가자고 제의했다. 식구가 이제 둘이니 공기 맑고 조용한 곳으로 옮겨 환경을 좀 바꿔 보자는 것이었다. 나도 적극 찬성했다. 다행히 인근에 만여 세대의 갈매신도시가 건설 중이었으며, 아내는 이미 몇 차례 답사한 후였다. 함께 돌아본 결과 살고 있는 공릉동에 비해 주변 환경이 마음에 쏙 들었다. 행정구역이 구리시이지만 서울과 도로 하나 사이로 생활권은 완전 서울이었다. 내가 이사를 가고자 했던 것은 솔직히 이러한 환경보다 이번 기회에 서재를 만들고 싶은 속셈 때문이었다. 비록 방 3개의 국민주택규모이지만 현재 살고 있는 집의 가재도구만 대폭 정리해 버리면 충분히 서재를 만들 수 있을 것 같았다.

드디어 17번째 이사를 하게 되었다. 아내는 작은 물건 하나도 버리지 못하는 습성이 있다. 모든 방들과 거실은 온갖 옷과 가재들로 빈틈이 없으며, 신발장에는 신지도 않는 헌 신발들이 빽빽하다. 결혼 초부터 사용했던 폐기된 통장과 월급봉투까지도 고스란히 보관하고 있을 정도다. 그로 인해 부부싸움도 여러 번 했으나 별로 달라지지 않았다. 그런데 어찌된 일인지 이번에는 가재도구를 완전히 교체해 버리자고 아내가 더 난리다. 왜 진작 이사를 생각하지 못했을까 안타까울 정도였다.

이사하면서 참으로 많이도 버렸다. 버리고 또 버려도 끝이 없었다. 피아노와 에어컨도 처분했으며 냉장고도 새로 샀다. 침대와 책상 등도 버리거나 신형으로 모두 교체했다. 책도 10박스 넘게 버렸다. 이사 후에도 계속 버리고 있는 중이다. 4개의 방에서도 도저히 만들 수 없었던 서재가 3개의 방에서 만들어진 것이다. 시간과 공간은 만들고 활용하기 나름이라 했던가? 참으로 신통하였다.

처음에는 서재에 컴퓨터와 TV까지 비치할 계획이었다. 그러나 TV는 거실에 있는 것을 보기로 마음을 바꿨다. 지금 생각하니 참으로 잘한 일이다. 그랬더라면 아마도 TV 시청에 너무 많은 시간을 허비할지도 모른다. 아내와의 소통하는 시간도 줄어들 것이다. 그렇지 않아도 퇴직 후 위상이 갑에서 을로 점점 기울어지고 있는데 소통까지 원활하지 못하면 어떻게 되겠는가? 분명 내 영역이 자꾸만 밀리고 좁아질 것이다. 아직까지는 그래도 제왕 대접을 받고 있으나 이를 제대로 유지하려면 정신 차리고 처신해야 되겠다는 생각이 들었다.

그토록 갈망하던 작은 서재가 만들어졌다. 실로 천하를 다 얻은 기분이다. 오늘도 잘 정돈된 서재가 귀갓길의 발걸음을 가볍게 한다. 어느 애인 집을 찾는 기분인들 이보다 더 가슴 설렐까? 나만의 이 작은 공간에서 인생 2막을 마음껏 꽃피우리라.

(2016. 10)

고난의 홀로서기

퇴직하면서 단단히 결심했다. 그동안 나를 위해 헌신한 아내를 위해 새로운 삶을 살아 보기로 했다. 지금까지 한 번도 하지 않았던 쓰레기 분리수거도 도와주고, 가끔은 설거지도 했다. 아내가 마트에 장 보러 가면 운전을 해 주고 카트도 밀어주었다. 유명 맛집을 검색해 외식도 가끔 했다. 그러는 과정에 뿌듯한 행복을 느꼈다. 나의 진정성에 아내도 고마워하는 것 같았다.

한 달쯤 지난 어느 날이었다. 아내가 친구들과 모임이 있다면서 영화관람 후 저녁까지 약속되었다고 했다. 그날따라 나는 아무 약속도 없었다. 모처럼 집에서 TV도 보고 책도 읽으며 한가로이 지내면 되겠구나 생각했다. 그런데 아내가 생뚱맞게 친구들과 무슨 약속이라도 만들어 보라고 했다. 나를 두고 혼자 나가기 미안해서 그러는가 보다 싶어 신경 쓰지 말고 재미있게 놀다 오라고 했다.

아내가 평소와 달리 짜증스런 말투로 "저녁 식사는 어떻게 하겠느냐?"고 물었다. 나도 귀찮은 표정으로 알아서 하겠다고 했다. 그러자 "당신 퇴직 후 지금까지 내가 얼마나 고통스럽게 지내는지 아느냐? 모처럼 모임 한번 나가려고 하는데 어찌 이토록 마음을 불편하게 하느냐? 제발 당신도 이제 내게 의존하지 말고 홀로서기 좀 했으면 좋겠다."고 장황하게 말했다. 앞으로의 세월이 참으로 걱정된다는 말도 덧붙였다.

너무도 충격적인 말에 나는 어안이 벙벙했다. 그동안 내게 고마워하는 줄만 알았는데 나의 착각이었단 말인가? 세간에 유행하는 일식(一食) 님, 이식(二食) 씨, 삼식(三食) 놈이라는 말을 나는 그냥 웃자고 하는 소리로만 들어 넘겼다. 그 말이 바로 나를 두고 한 말인 줄은 미처 몰랐다.

한동안 완전 멘붕에 빠졌다. 길거리를 가다가 은퇴한 연령대의 배낭객을 보면 홀로서기를 위해 안간힘을 쓰는 사람들로 보였다. 나도 이제부터 그들처럼 홀로서기를 하리라 결심했다. 월례회 골프모임도 더 늘리고, 산악회도 하나 더 가입했다. 대학 교양강좌도 부지런히 찾아다녔으며 기회만 되면 해외여행도 추진했다. 누군가 소주를 먹자고 하면 무조건 나갔다. 혹시나 거절했다가 다시는 불러 주지 않을까 봐 걱정되었기 때문이다. 달력 일정표에 최대한 빈칸이 없도록 채우는 것을 생활의 목표로 삼았다. 세상이 차츰 달라지기 시작했다.

곰곰 생각하니 아내가 그날 말했던 것은 즉흥적이 아니라 작심하고 말한 것이 아닌가 싶다. 그때는 실로 어이가 없었다. 서운한 정도가 아니라 내 처지가 참담하기까지 했다. 그러나 지금 생각하니 너무도 고맙다. 요즘 세간에 떠도는 재미있는 말이 있다. 60대 이후 가장 인기 있는 남편은 가정적인 사람이나 돈 잘 버는 사람이 아니며, 잘생긴 사람도 아니란다. 집에 죽치고 들어앉아 있지 않는 사람이 최고라는 것이다. 그 말의 뜻을 이해하는 사람을 '철든 어른'이라고 한다나? 나도 이제 철이 들어가는가 보다.

그 어떤 부부도 영원히 함께할 수는 없다. 언젠가 한 사람이 먼저 떠나게 되면 남은 사람은 홀로된다. 문제는 남자들이다. 특히 나 같은 사람이다. 진정한 홀로서기는 그 상황에서도 꿋꿋이 살 수 있는 사람일 것이다. 홀로서기는 참으로 쉽지 않은 고난의 길이다. 나는 오늘도 그 길을 묵묵히 강행군 중이다.

(2016. 4. 8)

정년 없는 평생직장

40년 몸담았던 평생직장이다. 한국전력 정년퇴직을 앞두고 제2의 인생 어떻게 살 것인가에 대한 고심이 깊었다. 긴 세월 앞만 보고 달려왔건만 뭐 하나 제대로 이루어 놓은 것도 없는 듯했다. 배낭을 둘러메고 산천을 헤매며 고뇌했으나 나아갈 길은 보이지 않았다. 과도한 스트레스 탓인지 심한 우울증에 시달렸다.

이를 지켜보던 아내가 문학이 우울증 치유에 좋다며 고려대 평생교육원 수필창작과 유학경전 과정 수강 신청을 한 후 무조건 다녀보라고 권유했다. 평소 내가 좋아했던 분야라 정신없이 몰입했다. 만약 내가 글을 쓰지 않았다면 지금쯤 무엇을 하고 있을까? 아마도 컴퓨터 앞에서 주야장천 바둑만 둘지도 모른다. 생각만 해도 끔찍하다. 입에 풀칠할 정도만 된다면 백수보다 나은 팔자도 없거늘 왜 진작 깨닫지 못했을까? 한세상 살면서 여한 없는 사람 누가 있으랴! 아무것도 내 세울 것 없는 촌놈이 세월 잘 만나 누릴 만큼 누렸건만 무엇을 더 바랐던가 싶다.

그동안 글을 쓰면서 실로 행복했다. 고심하여 쓴 글을 여러 사람들 앞에서 발표하는 것도 재미있고, 글벗들과 함께 문학 기행을 다니는 것도 더없이 즐거웠다. 나만의 작은 공간에서 온갖 상상의 나래를 펼치며 글쓰기에 몰입했다. 그 시간만은 누구의 간섭도 받지 않았으며, 내가 살아 숨 쉬고 있음을 확인하는 시간이기도 했다. 글의 소재를 구한다는 명분으로 지구촌을 많이도 누비고 다녔다. 중국은 무려 9번이나 다녀왔다. 그러는 과정에 우울증도 완전 치유되었다.

그런데 요즘은 글쓰기가 도무지 즐겁지를 않다. 아니, 고역스럽다고 함이 옳을 것 같다. 혹자는 글쓰기를 산고의 아픔에 비유한다. 많은 무명작가들이 겪는다는 그 좌절을 드디어 나도 겪는 것일까? 글쓰기에 회의를 느낀 것이 이번이 처음은 아니다. 하지만 그때마다 잠시 머뭇거렸을 뿐 좌절할 정도는 아니었다. 그런데 이번 경우는 좀 심각하다. 원인은 나의 재능에 한계를 느끼기 때문이다. 글 한 편을 쓰는데 수도 없이 고쳐야 할 정도이니 어찌 즐겁겠는가? 이를 모르는 일부 지인들은 내가 글을 꽤나 잘 쓰는 것으로 잘못 알고 칭찬까지 하니 어이가 없다.

흔히 수필을 '붓 가는 대로 쓰는 글'이라고 한다. 그런데 해가 거듭될수록 나는 더 어렵기만 하다. 수필은 무엇보다 독자가 읽고 공감해야 한다. 문장에 운율과 유머가 있고 재미도 있어야 한다.

뿐만 아니라 자기 성찰과 고백이 들어가야 하며, 읽고 나서 지식도 얻는 것이 있어야 한단다. 내용에 허구가 있어서는 안 된다고도 한다. 그러다 보니 자기 속내와 치부까지 다 드러내게 되며 때로는 가족의 프라이버시까지도 해체해 공개하게 된다. 잠시만 방심하면 신변잡기로 흘러가 버리기도 한다. 악전고투 끝에 완성해 놓고 남들이 과연 재미있게 읽고 공감할 수 있을까를 생각하면 또 자신이 없다. '수필은 웃고 들어가서 울고 나온다.'는 말을 이제 알 것만 같다.

이토록 에너지와 시간을 허비해 내가 글을 써야만 하는 이유가 뭘까? 그동안 수없이 자문했던 화두다. 하지만 한 번도 분명한 해답을 얻지 못하고 흐지부지 지나왔다. 스스로 확신할 수 있는 답을 찾지 못하면 좌절에서 탈출할 수 없을 것 같았다. 냉정하게 다시 자문자답해 보았다. 생계를 위해 글을 쓰는가? 그것은 아니다. 남들로부터 글재주를 인정받고 싶은가? 꼭 그렇지는 않다. 그러면 명작을 남기고 싶은가? 그럴 자신도 없지만 그것은 과욕이다. 그렇다면 무엇이 나를 이토록 괴롭히는가? 글재주를 한탄한다는 것은 더 잘 써야 되겠다는 욕심이 아닌가? 퇴직하면서 제2의 인생을 현직에 있을 때와 마찬가지로 화려하게 살아야겠다는 욕심과 무엇이 다른가? 이러다가 우울증이 재발할지도 모른다는 생각이 들었다.

어떤 책에서 보았다. 헤밍웨이는 『노인과 바다』를 200번 퇴고했고, 위고는 『레미제라블』을 36년 만에 완성했으며, 괴테는 평생을 바쳐 『파우스트』를 집필했단다. 재주도 식견도 부족한 내가 고통을 겪는 것은 너무도 당연하다. 내가 글을 쓰는 목적은 남들의 인정이 아니다. 열심히 쓰다 보면 명작 몇 편이 나올 수 있을지는 몰라도 절대 이를 의식하지는 말자. 소박한 내 삶의 이야기를 기록으로 남겨 지인들과 자손들에게 전해 주는 것에 오로지 의미를 두자. 그렇게 생각하니 마음이 편해졌다.

칠순 고개를 넘고 나니 만나는 사람마다 온통 건강 제일주의다. 더없이 지당한 말임에 틀림없다. 그렇다고 오로지 신체적 건강만을 추구하며 살 수는 없지 않은가? 남은 세월은 수필과 함께 행복을 가꾸고 싶다. 정년 없는 평생직장을 얻은 것으로 만족하리라.

(2019. 11)

자연인이 따로 없다

요즘 자연인(自然人)에 대한 방송프로가 인기다. 한 방송사에서 인기가 있다 보니 다른 방송사에서도 유사한 프로가 생겨나고 있다. 뉴스와 스포츠 중계 외에는 거의 TV를 보지 않는 나도 이 프로는 즐겨 본다. 첩첩산중에서 홀로 약초를 채취해 먹으며 고독을 이겨내는 초자연의 생활이 참으로 매혹적이다. 코로나19 바이러스로 사람 마주치기가 겁나는 요즘 같으면 더없는 지상낙원이 아닌가 싶다.

하지만 나는 그보다 자연인이 산속으로 들어가게 된 연유가 더 궁금하고 흥미롭다. 대개가 사기를 당하거나 사업 실패 혹은 부부 결별 등으로 상처 받은 마음을 다스리기 위해서다. 어느 날 갑자기 난치병을 얻어 절망한 나머지 자연에 의탁해 치유코자 입산한 사람도 있다. 시청자들로부터 호응을 받는 이유는 입산 후 몸과 마음을 완치해 만족하게 살고 있다는 감동적인 결과 때문일 것이다. 중요한 것은 나도 요즘 준 자연인 생활을 하고 있다는 사실이다. 물론 그들과 같은 산속 생활은 아니다.

하나뿐인 외손녀가 어느덧 첫돌이 지났다. 딸이 1년간 휴직하여 키웠는데 이제 복직을 하였다. 직장 내에 유아원이 있어 출근길에 아기를 맡겼다가 퇴근길에 데리고 나오면 된단다. 하지만 외손녀는 이제 막 첫돌을 지나 대소변도 가리지 못하며 의사 표현도 제대로 하지 못한다. 이를 염려한 딸아이가 아내에게 1년만 돌봐 달라고 부탁했다. 아내도 이미 각오했던 터라 흔쾌히 승낙을 했다.

딸아이는 정부의 공기업 지방분산 정책으로 태안에 살고 있다. 아내가 태안에 거주하면서 돌봐 줄 입장이 되지 못하다 보니 매주 일요일 늦게 내려갔다가 금요일 밤에 올라온다. 주말이라 도로가 워낙 정체되어 일찍 출발할 수도 없는 실정이다. 집에서 터미널까지 마을버스와 지하철을 1시간 이상 타고 또 고속버스를 2시간 정도 타는 먼 거리다. 아이 돌보는 일도 벅찬데 오르내리는 고충도 이만저만이 아니다.

게다가 토요일은 미혼인 아들 집에 가서 청소와 세탁물을 교환해 주고, 일요일은 내가 일주일 동안 먹을 반찬을 장만해 냉장고에 채워야 하니 잠시도 쉴 여유가 없다. 그야말로 일인 삼역의 세 집 살림을 사는 셈이다. 마치 기어가 맞물려 돌아가는 것 같은 빈틈없는 형국이라 옆에서 지켜보기 안타깝고 미안하다. 하지만 도와줄 수 있는 일이라고는 "당신 정말 대단해요!"라는 겉치레 말뿐이다.

하루 종일 아기를 돌보노라면 온몸이 얼마나 지치는지 겪어보지 않은 사람은 모를 것이란다. 회사일이 바빠 딸아이 부부가 모두 9시 지나서 퇴근하는 날도 종종 있다고 하니 어찌 녹초가 되지 않겠는가. 재롱부리는 손주 보는 낙으로 하루하루를 견디지만 혈육이 아니면 절대 감당할 수 없을 것 같다고 하소연이다.

아내가 처음 태안으로 내려가던 날 딸아이와 맺을 계약서를 작성했다며 보여 줬다. 보육료와 가사 분담 등 여섯 조항이었다. 서로 오해가 없도록 각자가 할 일을 분명히 해 놓겠다는 의도 같았다. 보육료는 얼마를 받든 별 의미가 없다. 무슨 명목으로든 결국 그 이상으로 되돌려 줄 테니 말이다. 내가 한 조항을 추가한 후 두 장을 출력해 주었다. 추가 조항은 '어떤 상황이라도 가슴에 상처가 될 말을 할 경우에는 처음 한 번은 경고로 넘어가지만, 두 번째는 무조건 보따리를 싸서 올라온다.'는 내용이다. 요즘 젊은이들 자기 생각만 하지 부모 마음 헤아리지 못하는데 내 딸도 예외는 아닐 것 같았기 때문이다.

어느 날 딸아이가 전화를 해서 "아빠, 저 때문에 고생 많으시지요?"라 말했다. 예상하지도 기대하지도 않았던 딸아이의 전화라 실로 기특했다. 하지만 이 기회다 싶어 "아니다, 네 덕분에 신선으로 잘 살고 있다. 하지만 계약서에 의거해 너희 엄마가 돌아오는 날이면 그것은 전적으로 네 책임이다. 알겠지?"라고 말했다. 딸의 깔깔거리는 웃음소리가 내 귀에는 "잘 알겠습니다."로 들렸다.

평소 워낙 의존하여 살던 내가 혼자 제대로 살 수 있을지 아내는 몹시 걱정했다. 나 역시 우려가 컸다. 하지만 숙명이라 생각하며 하루하루를 지내다 보니 차츰 적응이 되어 갔으며 이제 두 달이 지났다. 솔직히 일주일 치 먹을 음식을 모두 준비해 놓으니 차려 먹기만 하면 된다. 밥이 싫증나면 라면도 가끔 끓여 먹고, 어쩌다 한 번씩 혼자 외식도 한다. 혼밥을 먹는 사람들이 의외로 많다는 사실도 비로소 알게 되었다. 누구나 언젠가는 홀로될 수 있는 인생, 나는 요즘 홀로서기를 제대로 연습하고 있는 셈이다.

혼자 사는 것이 어려움이 많은 것은 사실이다. 하지만 잔소리를 듣지 않고 간섭도 받지 않으니 편한 면도 없지 않다. 그러면서도 아내로부터 고생한다는 위로와 고맙다는 칭찬까지 받으니 결코 손해 보는 장사는 아닌 듯하다. 인생은 마음먹기 나름이라 했던가? 나야말로 그동안 동경했던 진정한 자연인이 아닌가 싶다.

(『수필문학』 2020. 4월호)

묘한 인연

새로 이사한 우리 아파트 쓰레기 분리수거 일은 매주 목요일이다. 아내를 도와 쓰레기 배출을 시작한 것은 퇴직 후부터다. 우리 집에서 내가 맡은 유일한 가사이며 소임이다. 자격지심 때문인지 몰라도 백수가 되자 가정 내의 위치가 갑에서 을로 차츰 기울어져 가는 듯했다. 이마저 없었다면 내가 설 자리는 더욱 좁아지지 않았을까 싶다.

지금은 쓰레기 분류를 잘하는 편이지만 처음에는 그렇지 못했다. 아내와 같이 쓰레기 배출을 할 때면 나는 옮기는 일만 하고 분류는 항상 아내가 다했다. 어느 날 아내가 외출 시 쓰레기 배출을 위임하면서 내가 분류를 제대로 할 수 있을지 못 미더워하기에 '별 걱정을 다 하네' 싶었다. 그런데 분류 과정에 난감한 일이 생겼다. 코팅된 종이를 비닐로 봐야 할지 종이로 봐야 할지 애매했기 때문이다. 할 수 없이 옆에서 분류 중인 낯선 아주머니께 물어보았다. 그분은 물음에 대답은 않고 내 바구니를 들고 가 본인이 직접 분류해 버렸다. 그리고는 수줍은 미소와 함께 빈 바구니를 돌려주었다.

하지만 그분의 과도한 친절이 고맙기보다는 왠지 자존심이 상했다. 마치 쓰레기 분류도 할 줄 모르는 한심한 사람으로 무시하는 것 같이 느껴졌기 때문이다. 고맙다는 인사를 미처 하기도 전에 그분은 훌쩍 가 버렸다. 한동안 홀로 서서 스스로를 돌이켜 보았다. 육십이 넘도록 쓰레기 분류도 할 줄 모르는 사람이 나 말고 또 있을까 싶었다. 잠시 시간이 흐른 후 정신을 차렸다. 스스로 자격지심 때문에 너무 과민했음을 자각했다. 고맙다는 인사를 하지 못한 것이 몹시 마음에 걸렸다.

쓰레기 수거장에서 그 여인을 다시 마주친 것은 2개월쯤 후다. 그분이 먼저 알아보고 "안녕하세요?"라고 했다. 나도 얼른 "지난번에는 정말 고마웠습니다."라고 깍듯이 인사했다. 바로 그때 내 나이 또래의 한 남자가 다가오더니 비닐로 만든 것 같아 보이는 얇은 플라스틱 용기를 들어 보이며 "여보, 이건 어디에 버려?" 하고 물었다. 아주머니는 대답 대신 나를 보며 웃기만 했다. 어쩔 수 없이 내가 "플라스틱이네요." 하고 대답해 주었다. 그러자 남편은 몹시 겸연쩍은 듯이 얼굴을 붉혔다. 아마도 지난번 내가 겪었던 심경이 아닐까 싶었다. "저도 얼마 전까지는 그랬습니다." 하고 웃으니 그분도 빙그레 웃었다. 부인도 따라 웃었다.

지난번 그 여인이 분리배출을 직접 해 주며 미소 지은 것은 어이없어 웃은 것이 아니라 나처럼 분류가 서툰 남편을 생각해 친절히 대했음을 알게 되었다. 그날은 정신이 없어 어떤 분인지 모습도 기억나지 않았는데 다시 보니 참으로 우아한 자태의 귀부인이었다. 미소 짓는 모습이 너무도 순수하고 인간미가 풍겼다. 옆집에 누가 사는지도 모르는 삭막한 도시 생활에서 낯선 이웃 주민에게 베푼 배려는 분명 내가 갖추지 못한 미덕이다. 말로만 듣던 이웃 사랑이란 바로 이러한 작은 인정이라는 것을 깨닫게 되었다. 그날의 쓰레기 배출은 참 의미가 있었다. 나보다 분류가 서툰 사람을 만난 것도 재미있었으며, 지난번에 하지 못한 인사를 하게 된 것도 다행이었다.

쓰레기 분리배출은 내게 유일한 이웃과의 소통 기회다. 그날 이후 쓰레기 배출이 더욱 즐거워졌다. 쓰레기 수거장에 나가면 혹시나 그 귀부인이 나왔는지 나도 모르게 살피게 되었다. 어느 날 우연히 동네 찻집에서 그 여인을 만나면 따뜻한 차 한 잔 대접해야겠다는 생각도 가끔 했다. 그러나 1년이 넘도록 그 여인은 나타나지 않았다. 신상에 무슨 일이 생긴 것은 아닐까 몹시 궁금하기도 했다.

그러던 어느 날 수거장에서 그 여인의 남편을 만나게 되었다. 지난번 일을 기억하며 서로 목례를 했다. 그때 머리가 희끗한 한 노신사가 지나가면서 그분에게 "김 박사, 요즘 홀로서기 하느라 고생이 많습니다."라고 인사를 했다. 홀로서기라니? 그렇다면 부인이 장기입원을 한 것일까? 아니면 졸혼이라도? 부인의 근황이 더욱 궁금해졌다. 물어보지 않으면 집에 돌아가 후회할 것만 같아 망설임 끝에 용기를 내었다.

"사모님은 요즘 어디 가셨나 보죠?" "아, 예~, 손주를 키워 주러 지방의 딸아이 집에 갔습니다."라고 했다. 이게 어찌된 일인가? 어쩌면 작금의 처지가 나와 똑같단 말인가! 참으로 묘한 인연 같았다. 한동안 멍하니 섰다가 그분이 떠나자 나도 발길을 돌렸다. 다음에 만나면 소주라도 한잔하자고 제의해야겠다는 생각이 들었다. 누가 홀로서기를 잘하는지 동병상련의 애환을 토로해 보고 싶었다. 그러다 보면 고마웠던 그 여인의 근황도 자연스레 알게 되리라.

(월드코리안 신문 2020. 7)

아내의 아킬레스건

아내는 요즘 외손녀 동영상을 보는 낙으로 산다. 생후 9개월째 접어든 서윤이는 며칠 전부터 배밀이를 시작했다. 참으로 신기하기 그지없다. 자식 남매 키우면서 다 겪었던 일이건만 마치 처음 보는 것만 같았다. 딸아이는 서윤이의 발달 과정을 수시로 동영상을 찍어서 카톡방에 올린다. 아내는 서윤이가 마치 자기 말을 알아듣기라도 하는 양 "서윤아~ 까꿍!" 하며 동영상에 몰입한다.

그러한 아내의 심정을 나는 충분히 이해한다. 딸이 혼기가 차도록 결혼을 하지 않아 한때 심한 우울증까지 겪었다. 그런 후 드디어 결혼을 하게 되었으며, 이제 손주까지 보았으니 어찌 기쁘지 않으랴? 나 역시 겉으로 표현을 자제할 뿐이지 동영상을 보는 즐거움은 아내와 별반 다르지 않다. 결혼을 하지 않아 그토록 밉기만 하던 딸이 요즘은 고맙기 그지없다. 그동안 주변 사람들이 "손주 보는 재미로 산다."던 말을 이제 나도 알 것만 같다.

딸이 아이를 낳은 후부터 아내에게 전화하는 횟수가 부쩍 잦아졌다. 처음 겪는 육아라 아기의 안색만 변해도 전화하여 "엄마, 왜 그래? 어떻게 해?" 하고 유난이다. 모녀가 결혼 문제로 갈등이 심했던 때를 생각하면 얼마나 다행인지 모르겠다. 요즘은 수시로 반찬을 만들어 택배로 보내느라 바쁘다. 도대체 자식 사랑은 어디까지일까?

하루는 딸아이가 서윤이의 웃는 모습이 신기한 듯 어쩔 줄을 몰라 했다. 당연한 일이건만 우리 눈에는 왜 이토록 감동을 줄까? 마치 한 폭의 그림 같았다. 우리도 저를 키울 때 저토록 귀하게 키웠다는 사실을 알기나 할까? 하기야 지금 나이에 안다고 한들 얼마나 알겠는가. 앞으로 자식을 키우다 보면 속 태우는 일도 허다할 것이며, 복장 치는 일도 많을 것이다. 그때에 가면 부모 마음도 웬만큼 알게 되지 않을까 싶다. 그 고비 넘기고 나면 세월이 빠르다는 사실도 깨닫게 되고, 부모가 늙어감도 알게 되겠지.

며칠 전 아내와 딸이 전화하다가 사소한 일로 말다툼을 하였다. 딸이 느닷없이 "엄마, 그러면 앞으로 서윤이 동영상 안 보낼 거야!"라고 말했다. 옆에서 듣자니 기가 찼다. 도대체 이게 말이나 되는가? 아내는 얼마나 충격을 받았는지 한동안 아무 말도 하지 못했다. 어쩌면 너무도 어이가 없어 말문이 막혔을지도 모른다. 나 같으면 "보내기 싫으면 그만둬" 하고 큰소리칠 것 같은데 아내는 그러지를 못했다. 손주 사랑도 어지간해야지, 이렇게 되기까지에는 아내의 책임이 더 큰지도 모른다.

한참 후 정신을 가다듬은 아내가 한다는 말이 "나한테 보내기 싫으면 아빠한테로 보내."라는 고작 한마디였다. 문제는 딸아이가 자기 엄마를 놀리려고 농담으로 한 말이 아니라는 것이다. 동영상 보내는 일을 부모를 위한 대단한 효도라도 하는 것으로 착각하고 있는 것이 분명했다. 하기야 요즘 아내에게는 동영상을 보는 일보다 더 즐거운 낙은 없으니 효도라고 해도 과언은 아니다.

누구나 마찬가지겠지만 나 또한 부부싸움을 하게 되면 승패에서 내가 절대 밀린다. 하지만 요즘은 회심의 미소를 짓고 있다. 앞으로 부부싸움을 하게 되면 내가 무조건 이길 수 있는 비책을 알아냈기 때문이다. 그 비책이란 바로 "당신 그러면 서윤이 동영상 보내지 말라고 할 거야"라는 아내의 결정적인 아킬레스건을 찾은 것이다. 이 한마디면 아내는 분명 속수무책으로 백기를 들고 말 것이다.

(월드코리안 신문 2019. 8)

6부

생각하는 갈대

- 살아 있는 화석
- 세신사 조 사장
- 젓가락
- 아내의 새 차 구입
- 못 말리는 내 버릇
- 아차산
- 적폐청산

살아 있는 화석

나는 고생대부터 이 땅에 살아왔다. 공룡이 지구의 주인이던 중생대에는 전 세계에 널리 퍼져 살기도 했다. 현재는 세력이 약화되어 동아시아에 주로 거주하고 있다. 흔히 주목(朱木)을 일컬어 '살아 천년, 죽어 천년'이라고 하며 장수의 상징인 양한다. 하지만 나와는 감히 비교될 수 없다. 가까이 용문사에만 가도 1,100년 이상 살고 있는 내가 있다. 이토록 장수를 하다 보니 천연기념물로 지정된 노거수(老巨樹) 중에 독보적으로 많다. 사람들은 나에게 치성을 드리면 자식을 얻을 수 있는 것으로 믿어 신목(神木)으로 섬기기도 한다.

나의 생명력은 참으로 강인하고 끈질기다. 히로시마 원폭투하로 폐허가 된 땅에 여러 수종의 나무를 심었으나 오직 나 혼자만 살아남았다. 지금도 6만 그루가 꿋꿋이 살고 있다. 그래서 나를 '희망의 담지자(Bearer of hope)'라 한다. 도심의 참나무에 기생하는 애벌레를 조사했더니 500종이 넘었다. 하지만 내게는 단 한 종의 애벌레만이 연명할 따름이었다.

나는 인간으로부터 과분한 예찬과 사랑을 받고 있다. 풍모가 워낙 걸출해 문묘와 향교에도 많이 초대받았다. 황금빛으로 물든 내 잎은 정말 환상적이다. 성균관에서는 내 잎을 유학의 상징으로 여겨 도안했으며, 동심의 어린이들은 책갈피에 넣어 보관하기도 한다. 내 잎이 오리의 발을 닮았다고 해서 압각수(鴨脚樹)라고도 불린다.

나 또한 인간에게 헌신적으로 기여한다. 나의 외형이 워낙 준수해 일찍부터 가로수나 정원수로 대거 진출해 도시미관을 장식하고, 공기정화에도 일역을 담당하고 있다. 60미터나 자라는 내 몸체는 결이 좋고 치밀하여 목재로 각광받으며, 각종 가구의 재료로 애용된다. 열매는 레시틴 성분이 많아 면역력 약재로 쓰이며, 알맹이는 큰 제사상에 오를 정도로 귀한 과일이다. 잎은 혈액순환 개선에 탁월한 징코플라톤 성분이 많아 의약원료로 쓰인다. 뿌리는 백과근이라 하여 관상동맥경화에 특효약이다. 내 몸은 이토록 어느 한 곳도 버릴 것이 없다.

내 열매 속의 알맹이가 은빛과 같이 희다고 하여 은(銀)자를 썼으며, 열매의 모양이 살구와 비슷하다고 하여 살구 행(杏)자를 썼다. 이 두 글자를 조합해 '은행(銀杏)'이라 이름 지었다. 바로 '은행나무'인 것이다. 나의 꽃말은 장수, 정숙, 장엄이다. 인간들은 나의 유구한 역사성을 이해하기에 '살아 있는 화석'이라고 말한다.

문제는 최근에 와서 인간들이 나의 진가를 몰라주고 있다는 것이다. 그뿐만이 아니라 잔인하기까지 하다. 무슨 말이냐고? 나를 멋있다고 찬양하며 가로수로 심을 때는 언제고, 이제 와서 내 열매에 냄새가 좀 난다고 해서 배척하니 말이다. 그 냄새는 씨앗 외피에 함유된 '빌로볼'이라는 독성물질 때문이다. 그 냄새 덕분에 동물이나 곤충으로부터 나의 종자를 지킬 수 있다. 나로서는 종족 보존을 위해 불가피한 조치다. 그럼에도 인간들은 그 절박함을 이해하지 못하고 멀쩡하게 다 자란 나를 무자비하게 타 수종으로 교체하고 있다. 하물며 암나무만 골라 베어내기도 한다. 구릿한 그 냄새는 인간도 갖고 있으면서 왜 이토록 혐오한단 말인가.

나는 30년 자라야 열매를 맺는다. 열매를 보고 암수를 구별하던 인간이 요즘은 묘목의 DNA를 분석해 수나무만 골라 심고 있다. 자기들은 태아 감식을 불법으로 규정하면서 나에겐 그래도 된단 말인지 묻지 않을 수 없다. 생명체는 암수가 있기 마련이거늘 어찌 신의 섭리를 역행하려 하는가! 심지어 외국 일부 도시에서는 나의 암나무에 '열매 결실 억제용 약제'까지 살포하고 있다. 이 정도면 나를 멸종이라도 시키겠다는 심사가 아닌가?

인간이 현재 지구를 지배하고 있다는 사실은 인정한다. 하지만 나는 고생대부터 지구를 꿋꿋이 지켜왔다. 바로 이 땅의 진정한 원주민이라는 말이다. 그대들은 말만 하면 공존을 외쳐왔다. 어찌 굴러온 돌이 감히 박힌 돌을 빼려 하는가? 제발 나의 종족 보존만큼은 위협하지 말라!

(『수필문학』 2018. 7월호)

세신사 조 사장

새로 이사 온 동네에 규모가 큰 불가마 사우나가 있다. 사우나를 워낙 좋아하는 나는 매주 한 번꼴 사우나에 간다. 세신은 거의 직접 하지만 가끔은 세신사(洗身師)에게 의뢰하기도 한다. 단골 불가마의 세신사는 몸이 깡마르고 말수가 적다. 게다가 혀가 짧은지 발음이 어눌해 잘 알아들을 수도 없다. 그래서 가급적 말을 피한다. 하지만 세신 하나만은 누구 못지않게 잘하는 편이다. 손님들은 그를 조씨라고 부른다.

하루는 때를 밀고 나서 서비스로 등과 어깨 마사지를 잠깐 해줬다. 고마운 마음에 고향을 물어보니 연변에서 온 조선족이었다. 묻지도 않는데 나이는 60세며 성은 함안 조씨라 했다. 그리고 "어릴 적 부모님이 함안 조씨가 대단한 양반이라 했는데 사실이냐?"고 물었다. 뭐라고 대답해야 할지 몰라 망설이다가 "조상 중에 유명인사가 많이 배출된 명문가"라고 얼버무렸다.

다음 목욕을 갔을 때이다. 탈의실에서 잠시 함안 조씨 내력을 검색하고 들어갔다. 지난번에는 갑자기 물어서 제대로 대답하지 못했다고 말한 후 함안 조씨 시조와 조상의 내력에 대해 간략히 얘기해 줬다. 그리고 "명문가의 후예이니 자부심을 가지시라."고 했더니 너무 좋아했다. 세신도 더욱 성의껏 해 줬다. 너무 고마워 세신비가 1만4천 원인데 2만 원을 주면서 잔돈은 커피라도 한잔 하라고 했다. 작은 인정에 감동받는 것이 사람의 마음이라 했던가? 옷을 갈아입는 내게 다가와 오늘따라 손님이 없다며 묻지도 않은 자기 신상 얘기를 술술 늘어놓았다.

"때밀이가 우습게 보일지 몰라도 손님이 있는 날의 수입은 상당하다. 현재의 불가마 세신 영업권을 보증금 2천만 원에 매월 70만 원 주고 있다. 강남은 이보다 몇 배나 더 비싸다. 주말에는 손님이 많아 세신사를 한 사람 더 쓴다. 일당은 20만 원이고 식대는 별도다."라고 했다. 목욕탕의 때 미는 권리금이 이렇게 비싼 줄 몰랐으며, 세신사가 이토록 고임금을 받는 전문직인지도 처음 알았다.

다음에 갔을 때부터 나는 그를 '조 사장'이라 불렀다. 그랬더니 좋아하는 모습이 얼굴에 역력했다. 그에 걸맞게 더욱 친절하고 정중하게 대했다. 비싼 권리금으로 영업권을 약정 받아 세신사까지 고용하니 사장이 분명하지 않은가? 어쩌면 신상 얘기를 길게 한 이유도 '내가 이런 사람이니 우습게 보지 말라'는 의미도 있었을지 모른다.

아는 만큼 보인다고 했던가? 말수가 적고 빈한한 때밀이로 여겼는데 전혀 그렇지 않았다. 자기 나이와 엇비슷해 보이는 일당 세신사에게 "손님한테 좀 더 친절하게 대하라."고 경고를 주는 등 사장으로서 사람을 다루는 면모가 너무도 당당했다.

어쩌다 자기보다 훨씬 젊은이들이 "어이! 이봐! 때밀이!" 하고 불러도 전혀 개의치 않고 "예~ 예" 하며 한결같이 고객으로 대하는 모습은 타고난 사업가였다. 그뿐만 아니라 세태를 걱정하는 식견이 상당했으며 편견도 없었다. 긴 세월 이국땅에서 온갖 풍파 다 겪으며 살아왔을 터인데도 혈연에 대한 관심이 대단했으며, 조국에 대한 애국심도 남달랐다.

누구나 초면의 사람을 대할 때면 그 사람의 행색이나 직업만으로 선입견을 가지고 가볍게 여기게 된다. 나 역시 예외는 못 된다. 조 사장과 대화 없이 지냈다면 그의 내면을 제대로 보지 못했을 것이며, 호칭도 바꾸지 않았을 것이다. 요즘 조 사장에게는 내가 가장 반가운 손님이 아닐까 싶다. 나 또한 그를 통해 사람을 대할 때는 편견이 없어야 된다는 교훈을 새삼 터득했다. '사람 위에 사람 없다.'는 말은 실로 만고의 명언이 아닌가 싶다.

(『수필문학』 2018. 7월호)

젓가락

미래학자 앨빈 토플러가 그의 저서 미래 혁명에서 '젓가락을 사용하는 민족이 21세기 정보화 시대를 지배한다.'고 했다. 젓가락이 두뇌 발달과 밀접한 관련이 있음을 논한 바도 있다. 우리 민족의 젓가락 사용 능력은 타의 추종을 불허한다. 그렇고 보면 우리나라 IT기술이 세계 최고인 것도 우연은 아닌 것 같다.

젓가락의 어원은 저(著: 젓가락 저)와 가락(가늘고 긴 모양)을 더한 것이라고 한다. 젓가락은 단순하고 간편하지만 서양의 나이프, 스푼, 포크 기능을 다 충족하는 만능 식탁 기구다. 젓가락은 동아시아 일부 국가에서만 사용되고 있는데 그중에서도 한중일 3국이 종주국이다.

한중일의 젓가락은 각 나라 음식에 따라 발달했기 때문에 모양과 재료가 각기 다르다. 중국은 대가족이 원형 식탁에 둘러앉아 회전판에 음식을 올려놓고 개인이 덜어서 먹는다. 따라서 멀리 놓인 음식을 앞 접시로 쉽게 옮길 수 있도록 젓가락을 길게 만들었다. 중국 음식은 기름에 튀기고 볶아 미끄럽고 뜨겁기 때문에 주로 나무나 플라스틱으로 만들었다.

일본은 섬나라이기 때문에 생선과 해산물을 즐겨 먹는다. 그래서 가시가 많은 생선을 쉽게 발라먹을 수 있도록 젓가락이 가늘고 끝이 뾰족하다. 중국이나 한국처럼 음식을 나누어 먹는 것이 아니라 1인 식탁이며, 먹을 때 밥그릇을 입으로 가져간다. 그래서 젓가락 길이가 짧고 재료는 주로 가벼운 나무를 사용한다.

한국인의 식탁은 국과 밥이 주식이며 반찬은 고기, 채소, 김치 등 참으로 다양하다. 국과 밥은 숟가락으로 먹고 반찬은 젓가락으로 먹는다. 그래서 젓가락 끝이 얇고 가늘어 김치 등을 찢어 먹기에 안성맞춤이다. 최근에 와서 다양화되고 있긴 하지만, 길이는 중국과 일본의 중간 정도이며 재질은 청동, 놋쇠, 등 주로 쇠를 사용한다. 나무는 국물에 젖고 비위생적이라 사용을 기피했다.

인간은 동물과 달리 불을 사용할 줄 알고, 언어가 있으며, 손을 가지고 있다. 이 손을 얼마나 정교하게 움직일 수 있느냐는 진화의 정도를 나타낸다고 한다. 서양 사람은 성인도 젓가락질이 서툴지만 우리나라는 아이들까지 콩알을 자유자재로 집을 수 있다. 아마도 엄마 배 속에서부터 타고난 DNA 때문이 아닐까 싶다.

그런데 중국에서는 100만 원대 고급 젓가락 '원홍'의 수출로 국가 산업에 크게 기여하고 있다. 지난 베이징 올림픽 때는 '올바른 젓가락 사용부터'라는 슬로건을 내걸 정도로 젓가락에 대한 자부심이 대단하다. 일본은 대나무, 흑단, 자단 등 젓가락 재료가 다양할 뿐만 아니라 인체공학적인 디자인을 접목한 특허가 2천 가지가 넘는다고 한다. 1975년 젓가락의 공헌을 기리자는 취지에서 8월 4일을 '젓가락의 날'로 지정하기도 했다.

이렇듯 중국과 일본에서 젓가락은 귀한 대접을 받고 있지만 일본 젓가락보다 400년이나 앞선 우리나라 젓가락은 그저 흔한 생활용품의 하나로 평가절하되고 있다.

최근 박근혜 대통령의 러시아와 베트남 방문 시 외교 선물로 젓가락이 선택되었다. 그나마 한국을 대표하는 문화상품으로 급부상하고 있음이 다행이다.

젓가락은 항상 숟가락과 함께 쌍을 이룬다. 그러나 서열은 숟가락보다 뒤져 수저라고 불린다. 숟가락이 크기도 하거니와 주식인 밥과 국을 담당하기 때문이 아닌가 싶다. 하지만 사람에 따라서는 젓가락이 숟가락 역할까지 담당하기도 한다. 젓가락 하나만으로 밥 한 그릇을 밥알 하나까지 말끔히 먹어치우는 사람도 있다.

자동차에 연료를 공급하지 않으면 운행이 정지된다. 우리 몸도 음식을 공급하지 않으면 생명을 유지할 수 없다. 수없이 입속을 드나들며 음식물을 실어 날라 생명을 유지시키는 것이 바로 젓가락이다. 그래서 옛 조상들은 비싼 돈을 들여 수저를 장만했으며 후손에게 유산으로 물려주었다.

우리 민족의 손가락 놀림이 섬세하고 정교하다는 것은 자타가 인정하는 엄연한 사실이다. 이 장점을 살려 우리나라도 젓가락 문화를 한층 더 발달시켜야 할 시점이 바로 지금이 아닌가 싶다.

(2015. 12)

아내의 새 차 구입

내 차는 8년 된 SM5이다. 하지만 워낙 아껴 타다 보니 연식에 비해 아직도 외관은 깨끗한 편이다. 아내 차는 9년 된 소형 아반떼이다. 딸아이 취업선물로 사줬는데 운전을 좋아하지 않아 아내가 주로 타고 있다. 두 차 모두 헌 차이긴 하나 각자가 만족하며 타고 있다.

그런데 아내가 요즘 들어 가끔 차에 대해 불만을 나타낸다. 얼마 전 동창 모임에 갔을 때 한 친구가 과실로 접촉사고를 낸 이후부터다. 상대 차는 고가의 중형차인데 전혀 손상이 없고, 아내 차는 흠이 조금 생겼다. 주위 친구들이 가해 차를 보고는 "참 비싼 차인데 흠이 없어 다행이다."라고 하였으며, 피해 차에 대해서는 "헌 차라서 괜찮다."라고 했단다. 아내는 무어라 말도 못하고 자기가 낡은 소형차를 타고 다닌다는 사실만 친구들에 알려져 자존심이 꽤나 상했던 것이다.

아내가 출근하는 내게 "오늘 동창 모임인데 당신 차와 하루만 바꿔 타자"고 했다. 한번 허락하면 자주 그럴 것 같아 단참에 거절해 버렸다. 출근 후 곰곰 생각하니 너무 매정하게 대한 것 같아 못내 마음이 쓰였다.

그 후 아내가 새 차를 사고 싶다는 얘기가 잦아졌다. 한 친구는 생일 선물로 남편이 새 차를 사줬으며, 누구는 결혼기념일에 외제 차를 받았다고도 했다. 더 나아가 아들이 애인이 없는 이유도 자기 차가 없기 때문이라고까지 말했다. 아들은 운전을 정말 좋아하지 않는다. 아들에게 차를 사 주면 아내가 주로 타게 될 것이라는 사실을 내가 모를 리 없다. 하지만 모른 척하며 "그래? 그렇다면 당장 차를 사 줍시다."라고 했다. 아내가 믿지 않는 것 같아 주말에 당장 차를 보러 가자는 약속도 했다. 이참에 아내에게 새 차를 타게 해 주고 싶었기 때문이다. 아내는 자기의 기발한 논리와 작전에 내가 넘어갔다고 생각하는 것 같았다.

주말이 되어 아들과 셋이 차를 보러 갔다. 아마도 아내는 사전 답사하여 무슨 차종을 살 것인지 결정하고 있을 것이며, 그 차는 분명 아반떼보다는 상위 등급일 것이다. 아들이 차를 둘러보던 중 아반떼 앞에 서더니 "이차 어때요?"라고 했다. 순간 내 가슴이 철렁했다. 얼른 아내의 표정을 살폈다. 그러나 아내는 충분히 준비되어 있었다. "무슨 소리야? 은행원 체면에 2천cc는 타야지." 하며 순발력을 발휘했다. 나도 동의한다는 의미로 고개를 끄덕였다. 아들은 이 정도면 되는데 하며 다시 발걸음을 옮겼다. 안도하는 아내의 표정을 보면서 간신히 웃음을 참았다.

결국 차종은 아내의 각본대로 소나타 2천cc로 결정되었다. 계약을 하고 나서 아내가 아들에게 "장가를 가면 이 차는 네가 가져가며, 그전까지는 엄마와 공용하는 조건이다. 그때는 아빠도 정년퇴직이 될 테니 나는 아빠 차를 타면 된다."라고 말했다. 그리고는 나를 보며 "그때 당신 차는 한 단계 더 좋은 차로 사도록 해요."라고 했다. 그 말에 내가 "아들 장가가 늦어지면 나는 차도 못 바꾸겠네?" 하자 두 모자가 큰 소리를 내어 웃었다. 나도 함께 따라 웃었다.

하루는 내가 중요한 모임이 있어 "오늘 하루만 새 차와 좀 바꿔 타자."고 아내에게 말했다. 그러자 아내가 "아들 차지 내 차가 아니잖아요, 아껴 쓰다가 넘겨줘야 해요."라며 단참에 거절해 버렸다. 하지만 나는 전혀 기분이 나쁘지 않았다. 새 차에 만족하며 아끼는 모습이 너무 보기 좋았기 때문이다. 나도 모르게 빙그레 미소를 지었다.

웃음의 의미를 모르는 아내는 "당신도 그렇게 거절한 적이 있지 않느냐?"며 내 눈치를 살폈다. 내 기분이 상하지는 않았을까 싶어 몹시 염려하는 듯했다. 새 차 사 주기를 참으로 잘했다 싶어 웃는 나의 이 속마음을 그대가 어찌 알리오!

(2012. 9)

못 말리는 내 버릇

나쁜 버릇 한둘 없는 사람 있으랴마는 내 경우는 단순히 버릇으로 보아 넘길 정도가 아니다. 그동안 고치려는 노력도 적지 않았으나 일흔이 다 된 지금까지도 달라지지 않고 있다. '세 살 버릇 여든 간다.'는 말은 바로 나를 두고 한 말인 것 같다.

나에게는 크고 작은 버릇이 적지 않다. 그중에서도 대표적인 것 둘만 든다면 '난폭운전'과 '음식을 빨리 먹는 습관'이다. 언뜻 생각하면 대수롭지 않은 것 같으나 전자는 내 생명을 치명적으로 위협하는 악습이며, 후자도 건강에 지대한 영향을 미칠 수 있다. 둘 다 내게는 시급히 해결해야 할 현안 사항이다. 아내와 다투는 원인의 절반 이상은 아마도 난폭운전 때문이 아닐까 싶다. 내가 운전하는 차를 타본 사람은 한마디씩 다 하는 것을 보면 운전 습관이 나쁜 것이 분명하다. 그동안 아내로부터 수없이 잔소리를 들었으며, 앞으로 시정하겠다고 약속한 것도 한두 번이 아니다. 그런데도 아직까지 고치지 못하고 있으니 이 일을 어찌하랴!

그동안 난폭운전으로 야기됐던 사례를 다 기록하면 책 한 권으로도 모자랄 것이다. 교통위반 범칙금을 낸 것만도 실로 엄청나다. 운전한 지 43년째이니 1년에 1건씩만 치더라도 건당 6만 원으로 계산하면 258만 원이다. 그런데 아무리 줄잡아도 연평균 3건은 확실히 넘을 것 같다. 1년에 10건 넘은 해도 있었을 것이다. 지방 장거리 운행을 다녀왔다 하면 범칙금 통지서가 거의 뒤를 따라왔으며, 한 번 운행에 두 건을 받은 경우도 있었으니 말이다.

문제는 범칙금뿐만이 아니다. 크고 작은 접촉사고로 인한 자동차 수리비, 보험료 인상, 견인차비, 보험처리 없이 지불한 합의금 등을 다 합하면 정말 엄청나다. 그 외에 사고 때마다 피 마르게 신경 썼던 일을 돈으로 어찌 다 환산하랴! 상상하기조차 끔찍하다.

내가 그동안 받은 교통위반 통지서 중에는 벌점 있는 통지서도 적지 않았다. 그런데도 아직까지 운전면허가 정지된 적은 한 번도 없다. 이는 전적으로 아내 덕분이다. 아내가 교통위반으로 범칙금 통지서를 받는 경우는 아마도 거의 없었을 것이다. 그런데 경찰서 기록을 조회하면 나보다 적지 않을 것 같다. 그 이유는 내 운전면허 정지를 막기 위해 아내가 직접 파출소에 찾아가 본인이 운전한 것으로 상당수 신고했기 때문이다. 범칙금을 내고 오면 반복해서 하는 말이 있는데 "세상에 이보다 더 아까운 돈은 없다."이다. 그 심정 참으로 이해가 간다. 난들 왜 그 돈이 아깝지 않았으랴!

20여 년 전에 이런 일도 있었다. 태릉에서 외곽순환고속도로를 이용해 성남으로 출퇴근할 때이다. 당시는 편도 2차선으로 교통체증이 엄청 심했다. 많은 차량들이 송파IC를 나가기 수백 미터 전부터 갓길을 탔다. 성질 급한 나는 남들보다 더 미리 갓길을 탔다. 언제부턴가 교통위반 차량을 신고하는 카파라치들이 기승을 부리기 시작했다. 행정관서에서 교통위반 차량 신고자에게 포상금을 고액으로 주는 제도가 생겼기 때문이다. 고성능 카메라를 차 안에 장착해 위반 차량을 먼 곳에서 당겨 찍는 직업화한 카파라치도 우후죽순으로 생겨났다.

그것을 모른 나는 계속 갓길을 탔다. 10여 차례 넘게 내 차의 위반 장면을 누적해 찍은 카파라치는 매주 한 장씩 신고를 했다. 당시 갓길 위반 범칙금이 8만 원이었는데 벌점까지 있었다. 범칙금을 내면 벌점 때문에 곧바로 운전면허가 정지되어 돈을 낼 수도 없었다. 돈을 내지 않자 독촉장이 온 후 즉결심판에 회부되었다. 이에 응하지 않자 확정 통지서가 날아왔다. 한 건이 종결되기도 전에 또 다음 건이 시작되었다. 돈을 내지 않으니 20% 가산금까지 부과되었다. 건당 4번의 통지서가 왔다. 수도 없이 연쇄적으로 날아드는 통지서를 받아 챙기는 아내의 스트레스가 오죽했으랴?

카파라치들의 한 달 수입이 수천만 원에 이른다는 보도가 연속되고, 전국적으로 민원이 폭주하자 포상금 제도가 대폭 개선되었다. 무리한 신고제도가 국민을 괴롭힌다는 것을 정부가 인정한 셈이다. 그러나 이미 받은 범칙금은 면제되지 않았다. 수년 후 차를 교체하게 되었다. 범칙금 때문에 차량 등록을 받아주지 않았다. 결국 그동안 쌓인 범칙금 백수십만 원을 일시에 완납 후 등록을 할 수밖에 없었다.

다음은 빨리 먹는 음식 습관이다. 이로 인해 아내로부터 듣는 잔소리는 난폭운전과는 비교되지 않을 정도로 잦다. 거의 매 식사 시간마다 반복되기 때문이다. 그때마다 하는 말을 예로 든다면 "밥 숟가락을 좀 적게 떠라. 제발 좀 꼭꼭 씹어 먹어라. 남들과 식사할 때도 그러면 걸신들린 사람으로 오해받는다." 등 귀에 딱지가 생길 정도다.

주변 사람들로부터도 가끔 말을 듣는다. 언젠가 한 친구로부터는 "얼마나 빨리 먹는지 나도 덩달아 빨리 먹어 체할 것만 같다."는 말을 듣기도 했다. 한 지인은 "식사를 참 맛있게 하네요."라고 칭찬을 한 적이 있다. 처음 들어본 칭찬이라 기분이 참 좋았다. 그런데 집에 돌아와 곰곰 생각하니 칭찬이 아니라 내 귀에 거슬리지 않게 충고를 했음이 분명했다.

헬리콥터 조종사 출신인 동기생과 골프를 치러 갔다. 내가 좀 늦게 도착하여 급히 식당으로 들어갔다. 그는 미리 도착하여 비빔밥을 먹고 있었는데 이미 반 이상 먹은 상태였다. 나도 비빔밥을 주문했다. 양도 적은데 비빔밥이라 몇 숟갈에 후딱 먹어치웠다. 2~3분이나 걸렸는지 모르겠다. 친구는 아직 남았던 밥의 반도 먹지 못하고 있었다. 얼마나 꼭꼭 씹는지 기다리기가 지루할 정도였다. 식사 습관 때문인지 몰라도 그 친구는 혈색이 좋고 나이에 비해 젊어 보였다. 그동안 아내의 잔소리가 무척 듣기 싫었는데 그 이후부터는 거부반응이 좀 줄어들었다. 그렇다고 내 식사 습관이 별로 달라진 것은 아니다.

고질(痼疾)이라는 단어를 사전에 찾아보면 '오래되어 바로잡기 어려운 나쁜 버릇'이다. 스스로 수없이 반성하고, 남들의 충고도 적지 않게 들었다. 그럼에도 고쳐지지 않으니 이야말로 고질이 아닌가 싶다. 누구도 못 말리는 내 버릇! 정녕 언제나 달라질 수 있을까? 아내의 잔소리로부터 해방되는 그날을 학수고대해 본다.

(수필문학 대표수필선집 2019)

아차산

아차산(峨嵯山)은 높이 287미터로 서울시 광진구와 구리시에 접한 도시 근교의 공원화된 산이다. 삼국시대 세 나라가 서로 영토 다툼을 벌였던 역사 서린 산이기도 하다. 곳곳에 체육시설이 설치되어 있고 등산로가 아기자기하여 주말이면 수많은 등산객들이 인산인해를 이룬다.

이 산 밑의 광장동 극동아파트로 이사한 것은 올림픽 개최 연도인 1988년이다. 이곳에 10여 년을 살면서 아차산에 오른 횟수는 줄잡아도 2백 번은 넘지 않을까 싶다. 남들이 아차산에 대해 이러쿵저러쿵 아는 체를 하면 "아차산은 우리집 뒷산이다. 나는 이 산을 수백 번이나 오르내려 눈을 감고도 다닐 수 있다. 감히 내 앞에서 아차산에 대해 논하지 마라."며 큰소리를 치기도 했다.

아이들 교육 관계로 이 아파트를 떠난 지 18년이 지났다. 지금은 미혼의 아들이 혼자 살고 있다. 아들도 볼 겸 모처럼 추억의 아차산을 다시 찾았다. 1월 하순의 겨울이지만 날씨가 포근해 등산객이 줄을 이었다. 그동안 내가 다녔던 등산로는 워커힐 입구의 좌편 주차장에서 팔각정(고구려정)을 경유하는 단일 코스이다. 지금까지 이 코스 외에는 거의 다녀본 적이 없다. 그런데 오늘은 어쩐 일인지 다른 코스를 한번 밟고 싶다는 충동이 일었다. 그래서 주차장 우편의 능선 코스를 택했다.

능선을 따라 정상에 오르니 구리시와 하남시 전역이 한눈에 조망 되었다. 넓고 푸른 한강이 마치 아름다운 비단 물결의 호수를 연상케 했으며, 저 멀리 팔당대교가 나를 보고 손짓했다. 능선을 지나 조금 더 오르니 가파른 왼쪽 기슭에 처음 보는 범굴사의 암자도 나를 반겼다. 오늘은 그동안 보아온 아차산의 전경과는 전혀 다른 운치를 구경하게 되었다. 지금까지 수없이 아차산을 오르내리면서 왜 같은 코스만 줄기차게 고집했는지 이해가 되지 않았다. 마치 다람쥐가 쳇바퀴를 돌듯이 한 코스만 뱅뱅 돌고서, 아차산은 눈을 감고도 다닐 수 있다고 큰소리를 쳤던 것이다. 기가 찰 노릇이다. 그러면서 내 어찌 다람쥐를 미련하다 할 수 있으랴!

어떤 책에서 읽었던 일화가 불현듯 생각났다. 한 노파가 고목나무 아래에서 실타래를 감았다가는 풀고 또다시 감는 일을 반복했다. 스님 한 분이 이를 지켜보다가 이상히 여겨 "왜 쓸데없는 일을 반복하느냐?"고 핀잔을 주듯 말을 건넸다. 그러자 노파는 "스님이 사는 것도 이와 무엇이 다른가? 자고 나서 아침 먹고, 점심 먹고,

저녁 먹고, 그리고 또 자고, 그것을 수십 년째 반복하고 있지 않느냐?"고 했다. 그 말을 듣는 순간 스님은 대오각성(大悟覺醒)하여 노파께 큰절을 올리고 홀연히 떠났다고 한다. 인생이 무엇인지, 되새겨볼 만한 내용이 아닌가 싶다.

지구라는 무한히 넓은 땅덩어리 속에서 내 삶의 활동반경은 과연 얼마나 될까? 어릴 적 동네 어떤 할머니가 하던 말이 기억난다. "30여 리 이웃으로 시집와서 한평생 시가와 친정 외에는 가본 곳이 없으며, 시장에도 한 번 가보지 못했고, 기차도 타보지 못했다."며 한탄을 했었다. 아무리 현대화된 세상이라고 하지만 더 넓게 보면 지금의 내 생활영역이 그 할머니보다 얼마나 다를까 싶다. 그동안 수도 없이 올랐던 손등만 한 아차산도 내가 아는 영역은 극히 일부에 지나지 않았으니 말이다. 일주일 남짓 유럽의 몇 개 도시를 주마강산 격으로 보고 나서 유럽대륙을 다 섭렵했다고 말하는 것과 무엇이 다른가?

많은 사람이 박사니, 전문가니 하며 남들 앞에서 큰소리친다. 그리고 박사란 호칭으로 불리기를 지극히 좋아한다. 하지만 그 사람이 삼라만상의 넓은 세상을 알면 얼마나 알겠는가? 솔직히 작은 점 하나에 대해 남들보다 조금 더 해박할 따름이다. 나 역시 작은 지식으로 그 무엇에 대해 전문가인 체하며 살아오지 않았나 싶다. 부끄럽기 그지없다.

혼자 가는 산행은 자기와의 대화시간이다. 아차산은 오늘 내게 '매사에 겸손하며 자신을 성찰하라'는 교훈을 일깨워줬다. 언젠가 다시 광장동 옛집으로 이사를 오고 싶다. 여느 때보다 하산하는 발걸음이 가벼웠다.

(월드코리안 신문 2020. 1)

적폐청산

적폐(積弊)란 오랫동안 쌓인 폐단(弊端)을 말한다. 그것을 청산하자는데 반대할 사람은 없을 것이다. 집권 6개월째인 새 정부는 지난 보수 정권의 적폐청산을 국정의 최우선 과제로 삼는 것 같다. 정부 부처 내 적폐청산 태스크포스 팀이 수십 개나 된다고 하니 말이다. 여야는 이를 두고 '정치 보복이다, 아니다'로 논쟁이 뜨겁다. 정치권은 그렇다 치더라도 날로 깊어 가는 국민의 갈등과 분열은 걱정이 아닐 수 없다.

모택동은 공산당 혁명으로 중국을 오늘의 강대국으로 도약케 한 국부다. 그러나 그도 정권을 강화하는 과정에 '홍위병을 앞세운 문화대혁명' 등 과오가 많았다. 당시에는 많은 국민으로부터 호응을 받았으나 지나고 보니 나라의 근간을 흔든 엄청난 적폐였던 것이다.

그의 혁명 동지인 등소평은 정책에 반대하다 세 번이나 추방을 당했으며, 아들이 불구가 되는 심한 박해까지 받았다. 그러나 등소평은 훗날 집권 후 그에 대한 정치 보복을 하지 않았다. 모택동이 과오도 있었지만 공도 많았다는 이른바 공칠과삼(功七過三)의 평가를 전격적으로 내려 지난 적폐를 역사적으로 슬기롭게 청산했다. 이것이 바로 그 유명한 3만 5천 자의 '역사결의(歷史決議)'이다. 등소평이야말로 오늘의 중국을 있게 한 위대한 정치가라 하지 않을 수 없다.

그렇다면 우리의 근대사인 조선 시대에는 적폐가 없었을까? 이를 한번 되짚어 보는 것도 오늘의 적폐청산을 바라봄에 있어 의미가 있을 것 같다. 우리나라 근대사는 정치보복으로 점철된 역사라 해도 과언이 아니다. 그 대표적인 예가 바로 참혹한 사화(士禍)의 역사다. 그로 인해 무수한 인재가 살육되고 역사가 단절되었으며, 나라 발전을 저해하여 경술국치로까지 이르게 되었던 것이다.

결국 중국은 적폐청산을 슬기롭게 잘해 도약의 발판이 되었으나 조선은 그렇지를 못해 멸망의 길로 들어섰던 것이다. 역사는 반복된다고 하였다. 오늘의 시국을 지나간 역사에 반추해 생각해 본다. 요즘 정치인들은 국민이라는 말을 입에 달고 산다. 그런데 모두 자신의 영달과 자당의 유불리만 생각하지 진정으로 나라의 발전과 국민의 안위를 생각하는 사람이 과연 몇이나 될까 싶다.

여야를 막론하고 당파를 이루어 사생결단으로 싸우는 행태가 조선 시대보다 더하면 더했지 결코 덜한 것 같지를 않다. 작금에 와서는 시류에 편승한 일부 국민까지 덩달아 놀아나는 것 같기도 하다. 국민 화합을 선도해야 할 정치인들이 갈등과 편 가르기를 부추긴다고 믿는 사람이 비단 나만은 아닐 것이다.

개인이나 국가나 크게 도약하기란 쉽지 않다. 그러나 정신을 차리지 않으면 회복 불능의 추락은 시간문제일 수도 있다. 삼성경제연구소에 의하면 국민 갈등으로 인한 경제적 손실이 연간 300조에 이른다고 한다. 지금 우리에게 가장 우려되는 것은 도를 넘고 있는 국민의 갈등과 분열이다. 원한이 원한을 낳고 보복이 보복을 부른다고 하지 않던가! 우리는 정녕 '공칠과삼'과 같은 화합의 정치를 펼칠 수는 없을까?

적폐는 분명 청산되어야 한다. 문제는 이 적폐를 어떤 방법으로 얼마나 슬기롭게 청산하느냐이다. 어느 시대 어느 정권이나 공과 과는 있기 마련이다. 또한 털면 나올 수밖에 없는 것이 적폐일지도 모른다. 무릇 정치인이라면 적폐 청산에 앞서 오늘의 정치가 훗날 어떤 적폐로 기록될 것인가를 두려워해야 하지 않을까 싶다.

(『수필문학』 2018. 7월호)

7부

나그네의 여로

- 고희단상(古稀斷想)
- 나의 희망수명
- 천만다행
- 이제는 말할 수 있다
- 세상에서 제일 바보
- 내 핸드폰의 입력 문구
- 찰나의 인생

고희단상(古稀斷想)

고희 아침이다. 거실 창밖에는 흰 구름이 정처 없이 흘러간다. 내 인생도 저 구름처럼 하염없이 흘러온 듯하다. 지난 세월 뒤돌아보니 70년 세월이 꿈만 같다. 공자는 마흔에 불혹(不惑)에 들었다고 하는데 나는 이 나이가 되도록 온갖 망상으로 미혹 속에 살고 있다.

고향을 떠나온 지도 어언 34년이 지났다. 자식 교육을 대도시에서 시켜보겠다는 일념으로 큰아이가 초등학교에 입학하기 전 서울로 올라왔다. 그때의 내 나이는 서른여섯, 지금 나이의 반밖에 안 되는 청춘이었다. 人生七十古來稀(예로부터 사람이 칠십을 살기는 드물다)라 했던가? 마음은 아직 한창인데 앞머리가 반 뼘이나 올라가 지금은 누가 봐도 영락없는 노인이다. 이 일을 어찌하랴!

현직에 근무하던 50대 후반까지만 해도 매일 아침 10km 이상을 뛰었다. 퇴직 후에도 한때는 등산에 심취한 적이 있다. 요즘은 혼자서 아파트 주변의 야산이나 산책로를 걷는다. 세월 따라 변해가는 내 모습이다. 나이 앞에는 장사가 없다는 말을 참으로 실감한다. 하지만 나는 오늘에 만족하려고 한다. 정상을 정복하는 것만이 등산의 목적은 아닐 것이다. 걷고 오르는 과정에 길섶의 예쁜 꽃을 감상하고, 맑은 공기와 대자연의 아름다움도 만끽할 수 있기 때문이다.

지나온 내 인생을 뒤돌아본다. 앞만 보고 정신없이 달려온 세월이 너무 아쉽고 안타깝다. 10년 전 회갑 때였다. 백세시대인 만큼 칠순 때 다시 생각하기로 하고 조용히 보냈다. 그 후 어언 또 10년의 세월이 흘렀다. 이날을 어떻게 보낼 것인가를 두고 아내와 여러 차례 고심했다. 이번에도 백세시대를 핑계로 팔순 때를 기약하며 부부가 터키여행을 다녀왔다. 실은 금년 초까지만 해도 지인들을 모시고 칠순잔치와 첫 수필집 출판기념회를 동시에 하기로 야무지게 마음먹었다. 그러나 서른아홉 아들이 금년에도 장가를 가지 않아 칠순 얘기는 입 밖에 뻥끗도 하지 않기로 했다.

혼기 찬 자식을 둔 부모 심정 당해 보지 않은 사람은 모를 것이다. 만나는 사람마다 자기 스타일이 아니라고 한다. 스타일 같은 거 찾지 않고 만난 우리네 세대는 한평생 잘도 살아가고 있건만 요즘 젊은이들의 그 스타일이란 도대체 무엇이란 말이던가? 세간에 '아무리 명문대를 나오고 좋은 직장을 얻어도 연애 잘함만 못하다'는 말이 있다. 말도 안 된다고 생각했던 그 말이 요즘은 우리를 두고 하는 말인 것 같다. 세상에 마음대로 안 되는 것이 자식일이라 했던가? 잔치를 해야 할 이 좋은 날 아침을 나 홀로 기도하는 마음으로 앉아 있다.

또 다음 10년을 향한 출발점에 섰다. 10년 후에는 내 나이 산수(傘壽)가 된다. 지금은 매일 만 보 이상 걷고 있지만 그때의 내 생활은 어떤 모습으로 변해 있을까? 실로 상상이 되지 않는다. 지난 10년이 어느 순간에 흘렀는지 모를 정도로 바람같이 지나왔다. 앞으로 10년도 분명 한순간에 지나갈 것이다. 아니, 인생 속도는 나이에 비례한다고 하니 더 빠를 것이다. 다가오는 10년을 어떻게 살 것인가 그것이 정녕 문제로다. 고희 아침에 잠시 해 본 상념이다.

(2019. 9)

나의 희망수명

백세시대가 도래했다. 우리 인생에서 가장 절실한 관심사는 뭐니 뭐니 해도 '얼마나 건강하게 오래 사느냐'일 것이다. 예로부터 우리 조상들은 수(壽)와 복(福)을 가장 중요시했으며, 지금도 어르신들이 가장 좋아하는 인사말은 '만수무강하세요.'가 아닐까 싶다. 그렇다면 나는 과연 몇 살까지 살 수 있을까? 아니, 몇 살까지 사는 게 적당할까? 원하는 대로 되는 것은 아니겠지만 그래도 목표는 있어야 되지 않을까 싶다.

할아버지는 89세를 사셨고, 아버지는 88세를 사셨다. 당시로는 상당히 장수하신 편이다. 아마도 당뇨, 고혈압 같은 선천적 가족 질환이 없었기 때문일 것이다. 유전적으로 본다면 나도 타고난 수명이 최소한 90세는 되지 않을까 싶다. 평균수명이 늘어나는 추세를 감안하면 95세 이상 될지도 모른다. 이런 논리에서 나의 희망수명을 95세로 정했다. 인생은 생각하기 나름이라 했던가? 내 나이 일흔으로 적지 않다 생각했는데 남은 세월이 아직 25년 이상이라 생각하니 갑자기 젊어진 기분이 든다.

인간의 평균수명은 과연 얼마나 될까? 기원전 오백 년경 그리스 시대에는 18세 정도였으며, 기원후 백 년경인 로마시대에는 25세였다고 한다. 그러던 것이 20세기에는 47세로 증가했으며, 그 후 백 년이 지난 현재는 70세 정도로 급격히 늘어났다. 참으로 상상하기 어려운 변화다. 평균수명은 경제 수준과 환경에 따라 나라별로 상당한 차이가 있다. 통계에 의하면 최장수국은 일본이며 우리나라도 거기에 버금가 평균수명이 80세에 접근해 가고 있단다. 기후 조건이 평균수명에 크게 영향을 미친다고 하니 온대지방에 위치한 우리나라는 참으로 복 받은 민족임에 틀림없다.

그렇다면 인간의 한계수명은 얼마나 될까? 현대 의학자들은 대략 120세 정도로 추정하고 있다. 이는 교묘하게도 성경 창세기 6장 3절에 나오는 수치와 일치한다. 일부 학자들은 태아에서부터 생후 전 기간 동안 최적의 환경 조건이 유지된다면 140세도 가능할 것이라 한다. 미국 아이아대학의 스티븐 오스태드 교수는 현재와 같은 추세로 수명이 연장된다면 2150년경에는 150세를 사는 사람이 현실로 나타날 것이라 예측했다.

인간의 수명과 관계되는 재미있는 일화가 있다. 조물주가 소를 만들어 놓고 60년 수명을 주면서 인간의 경제 활동을 도우라고 했더니 소가 너무 힘이 든다며 30년만 살겠다고 했다. 다음엔 개와 말과 원숭이를 만든 후 각 30년 수명을 줬다. 그들 역시 너무 고달프다며 15년만 살겠다고 했다. 마지막으로 사람에게 25년의 수명과 함께 지혜를 줬다. 인간은 수명이 너무 짧다며 동물이 반납한 75년을 몽땅 달라고 하여 100년을 받았단다. 그래서 사람은 처음 25년은 제 마음대로 살고, 다음 30년은 소처럼 일만 하고, 다음 15년은 개처럼 집을 지키고, 다음 15년은 말처럼 식구들 등쌀에 끌려다니고, 마지막 15년은 원숭이처럼 재롱을 부리며 산단다. 비록 에피소드이긴 하지만 일리가 없지 않은 것 같다. 그렇다면 사람이 100세 이상 사는 것은 신의 뜻을 거역하는 것인지도 모르겠다.

불로장생은 인류의 오랜 꿈이다. 노화는 타고난 유전자와 생후 환경에 의해 결정되는데 신진대사 과정에서 나오는 활성산소가 바로 노화의 원인이다. 노화 방지를 위한 인간의 노력은 그칠 줄 모르고 있다. 몸에 좋은 음식물 섭취와 운동은 기본이며 영양제 보충, 과학적 칼로리 조절, 생활환경 개선 등 실로 끝이 없다. 뿐만 아니라 각종 건강검진으로 질병을 사전에 예방하며, 최첨단 의학 발달로 동물의 장기이식, 인공 장기개발, 줄기세포를 이용한 신체 이식 등 상상을 초월한다. 이런 추세라면 150세 수명도 공상이라고 할 수는 없을 것 같다.

문제는 인간의 수명이 한없이 연장되는 것이 과연 좋기만 할까? 첨단 의학의 발달로 노령인구가 급증하고, 저출산으로 젊은 세대와 불균형이 심화되며, 이에 따른 재정 부족으로 사회발전이 한계에 도달하게 될 것은 불을 보듯 뻔하다. 그래서 신이 이를 조절하기 위해 코로나19 같은 각종 새로운 질병을 전파시키는 것이 아닐까 싶기도 하다.

장수 집안인 나는 95세까지 너끈히 살 수 있을 것으로 기대하며 좋아했다. 다시 생각해 보니 95세는 아무래도 과욕이며, 사회적으로도 바람직하지 않을 것 같다. 그때 가면 마음이 변할지는 모르겠지만 일단 나의 희망수명은 90세로 해야겠다.

(『수필문학』 2020. 10)

천만다행

74년도에 입사하여 만 40년을 다녔다. 자부심과 보람으로 보낸 평생직장이었다. 실로 가정보다 더 우선했으며 청춘을 깡그리 다 바쳤다 해도 과언이 아니다. 그 울타리를 벗어난 지 수년이 지났지만 아직도 지난날의 애환과 추억에서 벗어나지 못하고 있다. 사람들은 흔히 한전을 '신(神)의 직장'이라고 하였다. 월급이 특별히 많아서가 아니라 그 정도로 직장 분위기가 좋고 안정된 것은 틀림없다.

전기가 우리 생활에 얼마나 중요한지는 새삼 말할 필요가 없을 것이다. 인류 역사가 수만 년이 되지만 첨단 과학 문명이 급속도로 발전하기 시작한 것은 겨우 한 세기 남짓하다. 전기를 발명하여 사용하고부터이다. 이는 컴퓨터나 기타 첨단 기기가 모두 전기로 작동되기 때문이다. 지난 백 년간 인간 세상은 그야말로 천지

개벽이 되었다. 이를 감안하면 백 년 후 세상이 어떻게 변할지는 상상조차 하기 어렵다.

우리나라에 최초로 전기가 들어온 것은 1887년 3월 6일이다. 1882년 민영익 등이 한미통상협정 차 미국을 방문했을 때 처음 전등불을 보았다. 귀국 후 고종께 건의, 에디슨 전기회사와 계약을 체결하여 경복궁 내의 건청궁에 처음으로 전등불을 밝혔다. 에디슨이 백열전등을 발명하고 나서 8년 후이니 참으로 획기적이라 하지 않을 수 없다. 민간에 전등을 밝힌 것은 그보다 13년 후로 지금부터 117년 전이니 아주 먼 옛날 얘기가 아니다.

최초 발전소는 경복궁 향원정의 물을 냉각수로 썼는데 연못의 물을 먹고 켜진 불이라고 해서 '물불'이라 불렀다. 불가사의한 불이라고 해서 '묘화(妙火)'라고도 했으며, 불이 반복하여 들어왔다 나갔다 해서 '건달불'이라고도 했다. 참으로 호랑이 담배 피울 적 얘기인 듯하다.

최초 전력회사는 1898년 고종이 내탕금으로 설립한 '한성전기'다. 그 후 1961년 7월 1일 경성전기, 남선전기, 조선전업을 통합하여 한국전력이 탄생했다. 창설 당시 본사는 명동에 있었으나 1986년 삼성동으로 이전하여 53년 동안 괄목할 만한 발전을 이루었다. 2014년 나주 혁신도시로 이전하여 지금에 이르고 있다.

신입사원 시절에는 새마을사업 일환으로 '농어촌 전화사업'이 한창이었다. 내가 설계하여 시설한 공사만도 100건이 넘으며 지금도 그 지역을 지날 때면 가슴이 뛴다. 당시에는 계산기와 컴퓨터가 없던 시절이라 그 많은 설계서를 주판으로 계산하고 수기로 작성했다. 줄자를 들고 전기가 들어오지 않은 산간벽지만 찾아다녔으며, 가는 곳마다 주민들의 환대를 받았다.

요즘 사회적 이슈가 되고 있는 원자력발전소는 1978년 고리원전 1호기가 준공됨으로써 세계 21번째 원전 보유국이 되었다. 지금은 24기가 가동 중이며 총 발전량의 30%를 감당하고 있다. 현재 건설 중인 원전은 6기이며 아랍에미리트에도 100만kw 4기를 수주하여 건설 중이다. 명실공히 원전 선진국의 반열에 오른 것이다. 기름 한 방울 나지 않는 우리나라가 세계적으로 값싸고 품질 좋은 전기를 마음껏 사용할 수 있는 것도 원전 덕택이라 하지 않을 수 없다.

그런데 수조원이 투입되어 공정률 30%나 진척된 원자력발전소를 탈핵 운운하며 몇 달째 중지해 놓고 찬반 여론조사 중이다. 평생을 전력산업에 몸담았던 한 사람으로 할 말을 잃을 지경이다. 정부 주요 정책을 비전문가인 일반 국민의 여론으로 결정한다는 것이 말이나 되는가? 전력 요금이 대폭 오를 것이 불을 보듯 확실함에도 막무가내로 밀어붙이니 이 일을 진정 어찌하면 좋으랴?

내가 입사할 당시 첫 발령은 예외 없이 지방 사업소였다. 어느 지방으로 가든 대부분의 직원들은 그곳이 처갓집이 되었다. 워낙 일등 신랑감의 직장으로 인정받다 보니 그곳 유지(有志)들이 탐을 내어 사위로 삼은 것이다. 한전 직원이라는 신분 하나만으로 어느 술집이고 외상술을 먹을 수 있었던 그 시절이 그립다.

그런데 결혼 직후 그 좋은 직장을 그만둘 뻔했다. 양품점 매장을 함께 내자는 친구의 권유에 솔깃한 것이다. 아내가 한사코 반대해도 내가 뜻을 굽히지 않자 하루는 사생결단으로 최후통첩을 했다. "당신을 보고 결혼한 것이 아니라 한전을 보고 결혼했으니 사표를 내려면 차라리 헤어지자."고 했다. 듣기에 따라서는 상당히 기분이 나쁠 수도 있는 말이다. 그런데도 왠지 듣기가 싫지 않았다. 내가 다니는 직장을 그토록 인정해 줬기 때문이다. 그 후 최고 직급까지 오르며 정년퇴직을 했다.

지금까지 사표를 내고 후회하는 꿈을 여러 번 꾸었다. 잠이 깨고 나면 식은땀이 온몸을 적시었으며, 꿈이라는 사실을 확인하고 나서는 안도의 숨을 쉬곤 하였다. 생각하면 할수록 그때 사표를 내지 않은 것은 참으로 천만다행이다.

(2017. 11)

이제는 말할 수 있다

가슴속에 남에게 말하지 못하고 살아온 사연이 하나 있다. 부모님을 몹시 원망하기도 했다. 출생과 관련된 비밀 아닌 비밀이다. 물론 가족과 친지들은 다 알고 있다. 하지만 어찌하여 그렇게 되었으며, 그로 인해 내가 어떤 고통을 겪었는지는 구체적으로 다 알지 못한다. 비록 동족상쟁의 참화에서 비롯된 비극이지만 왠지 내 인생의 부끄러운 단면인 것 같아 남에게 말하고 싶지 않았다. 한때 실제 나이를 밝히며 상대보다 연장자임을 주장한 적도 있으나 결과는 무의미했으며 자존심만 상했다.

고3 때 호적 정정을 시도한 적도 있었다. 관련 서류를 준비해 관계기관에 접수하려는 순간 문제가 생겼다. 호적이 수정되는 즉시 입영 영장이 나온다는 것이다. 나와 비슷하게 호적이 늦은 우리 반 친구가 이를 모르고 호적을 정정했다가 바로 입대한 사례가 있었다. 나는 아무리 생각해도 감당이 되지 않았다. 이후부터 본래 나이는 생각하지 않기로 굳게 결심했다.

내 호적상 출생일은 1955년 1월 10일이다. 실제 출생일은 6·25 전쟁 발발 81일 후인 1950년 9월 14일이다. 정확히 4년 3개월 26일이 늦다. 당시 집안 어른 한 분이 마을 이장이셨다. 아버지께서 형들 때와 마찬가지로 그분께 출생신고를 부탁했다. 그런데 전시 중이라 그분이 그만 깜박했으며, 그 후 전사했다. 당연히 출생신고가 되었으리라 생각한 아버지는 확인을 하지 않았으며, 5년 뒤 태어난 늦둥이 동생 출생신고를 하러 갔다가 그 사실을 알게 되었다. 할 수 없이 그때 내 출생신고를 하고, 동생은 1년 후에 했다.

호적이 늦어 겪은 애환은 수없이 많다. 선배와 있었던 웃지 못할 일화다. 코오롱 입사시험을 치러 가는 버스의 옆 좌석에 앉은 사람이 인사를 하고 보니 고교 4년 선배였다. 당시 나는 사회에서 선후배 간의 위계를 잘 알지 못했다. 내가 먼저 "호적이 4년 늦어 나이가 비슷할 것 같은데 말을 트고 지내자."고 했다. 선배는 기가 찼던지 물끄러미 쳐다보더니 "그러든가" 하고 못마땅하게 대답했다. 시험 결과 두 사람 모두 합격했다. 회사 내에는 동문회가 있었는데 4년 선배와 말을 놓고 지낼 분위기가 아니었다. 다른 동문들이 있을 때는 말을 가급적 피했으며, 어색한 관계가 지속되었다.

1년쯤 지나 그 선배가 한전 입사시험에 합격해 김천으로 갔다. 다음 해에 나도 한전에 입사해 안동으로 발령받았다. 안동에는 4

년 선배가 세 명 있었다. 난처한 경험을 한 나는 그분들에게 깍듯이 존칭을 썼다. 어느 날 김천에 근무하던 선배가 안동으로 발령받아 왔다. 선배 동기 셋이 환영회를 한다기에 나도 함께 갔다. 내가 그 선배에게 말을 놓자 다른 선배가 어떻게 된 것이냐고 따졌다. 내가 대답을 하지 못하고 망설이자 김천 선배가 "호적이 늦어 그렇지 나이는 우리와 비슷하다. 코오롱에서 같이 근무할 때 말을 놓고 지냈으니 이해하라."고 했다. 그러자 한 선배가 "우리는 모두 동기인데 누구에겐 말을 놓고 누구에겐 높일 수 없으니 오늘부터 말을 고치면 어떻겠느냐?"고 했다. 나는 흔쾌히 그러겠다고 했으며, 난감했던 분위기가 해소되었다. 그 후부터는 1년 선배라도 무조건 말을 깍듯이 높이게 되었다.

서울에서 근무할 때다. 타 사업소로 전근을 갔더니 54년생 직원이 자기보다 나이 적은 직원이 와서 반가웠는지 첫날부터 마치 동생 대하듯 반말을 했다. 호적 얘기를 할 수도 없고, 네 살 적은 사람에게 말을 놓고 지내기는 싫었다. 그래서 나는 계속 존칭을 썼다. 그는 나를 예의 바른 후배로 생각하는 것 같았다. 내가 받는 스트레스를 그가 어찌 알겠는가! 그러던 어느 날부터 그도 존칭을 쓰기 시작했다. 아마도 누군가로부터 내 호적이 늦은 정보를 들은 것 같았다. 서로 존칭을 쓰며 원만히 지내게 되었다.

호적 나이로 초등학교에 입학시킬 수 없었던 부모님은 나를 2년 조기입학 시켰다. 그래서 동기생들보다 실제 나이는 두 살 정도 많고, 호적상으로는 두 살 정도 적다. 그것만도 얼마나 다행인가!

지금도 친구들이 나를 놀릴 때는 가끔 주민등록증을 까자고 한다. 학창시절 그 말에 내가 너무 예민하게 반응했기 때문이다. 내 나이 또래 중에는 호적이 한두 살 늦은 사람은 부지기수로 많다. 서너 살 늦은 사람도 간혹 있다. 그 사람들을 보면 동병상련인 듯 친근감을 느꼈다. 직장 내에 호적이 나보다 1년 더 늦은 사람도 한 분 있었다. 그분만 생각하면 위안이 되었다.

호적이 늦은 덕분에 현역 복무를 합법적으로 면제받았다. 입대가 늦어지는 사이에 군 특례법이 제정된 것이다. 기사 자격증을 소지하고 기간산업체에 근무하면 5년 근무 조건으로 기초 훈련만 4주 받은 후 예비군에 편입되는 제도다. 호적이 늦음으로 인해 회사에 4년 반을 더 다녔으며, 그 사이 정년이 연장되어 또 2년을 더 다닐 수 있었다. 3년간 현역 면제까지 감안하면 돈으로 환산해도 실로 상당하다. 그래서 나는 퇴직 후 재취업에는 아예 관심을 두지 않았다.

아버지는 실로 선견지명이 계셨던 것 같다. 그토록 원망했던 부모님을 후일 감사하게 될 줄 내 어찌 상상이나 할 수 있었겠는가. 인생만사 새옹지마라 했던가? 이제는 당당하게 말할 수 있다. 가슴속에 묻고 살았던 내 출생의 사연을!

(월드코리안 신문 2018. 12)

세상에서 제일 바보

인생에서 가장 귀중한 것이 무엇일까? 사람에 따라 다르겠으나 사랑일 수도 있고 출세일 수도 있으며 돈일 수도 있을 것이다. 하지만 내 생각엔 목숨이 아닐까 싶다. 그런데 하나밖에 없는 목숨이 달린 싸움도 알고 보면 대개 돈과 결부되어 있다. 이는 돈이 목숨에 버금갈 정도로 귀중하다는 의미도 된다. 세상을 살아가는데 돈이 절대적으로 필요한 것은 사실이다. 그러나 경우에 따라서는 돈보다 추한 것도 없고 돈보다 비정한 것도 없는 것 같다. 이러한 돈의 정체는 과연 무엇일까?

삼십여 년 전 지방에서 근무할 때이다. 우리 사업소에 출입하는 삼십대 후반의 협력업체 사장이 한 분 있었다. 성품이 워낙 온화하고 인정이 많아 모든 직원들로부터 신뢰를 받았다. 나와 나이가 비슷해 사생활까지 털어놓으며 격의 없이 지냈다. 어느 날 그가 간암 말기로 입원했다는 소식을 들었다. 실로 충격적인 비보였다. 둘만의 조용한 시간을 갖고 싶어 퇴근 후 늦은 시간에 병원을 찾아갔다. 다행히 병문안 온 사람이 나밖에 없었다. 무슨 말을 해야 할지 몰라 한동안 두 손만 꼭 잡고 있었다. 그의 눈에서 하염없이 눈물이 흘러내렸다. 내가 말을 하지 못하자 그가 먼저 말을 꺼냈다. 많은 얘기를 나눴지만 그가 했던 말의 요지는 지금도 기억이 생생하다.

"저는 어린 시절 너무도 어렵게 성장해 돈밖에 모르고 억척같이 일만 했습니다. 그 결과 적지 않은 돈을 벌었습니다. 아마도 30억은 될 것 같습니다. 타고난 운명이라면 어쩔 수 없겠으나 그토록 지독하게 번 돈을 의미 있게 한번 써보지 못한 것이 너무도 원통합니다. 지금 심정 같아서는 그 돈을 어려운 사람들을 위해 옥상에 올라가 뿌리고 싶습니다. 하지만 그런다고 제 마음이 후련해지겠습니까? 지금 상황에서 제가 할 수 있는 일은 아무것도 없습니다. 돈이 무엇인지, 어떻게 써야 하는지를 진작 깨닫지 못한 것이 너무도 한탄스럽습니다. 이 한을 어떻게 품고 가야 할지 모르겠습니다. 이 세상에서 제가 제일 바보같이 살다 가는 것 같습니다."라고 절규를 토해 내었다. 그날 그가 했던 말은 실로 나의 심금을 울렸으며, 두고두고 뇌리를 맴돌았다.

아무리 돈이 많아도 마지막 떠날 때 빈손으로 간다는 사실을 모르는 사람은 없을 것이다. 그런데도 대부분의 사람들은 쓸 형편이 되는데도 아까워서 쓰지 못한다. 누가 통제해서가 아니라 스스로 그렇게 한다. 택시를 타고 싶어도 버스를 타고, 소고기를 먹고 싶어도 돼지고기를 먹으며 마냥 아낀다. 물건을 살 때도 한 푼이라도 덜 주려고 아등바등 깎는다. 한사코 움켜잡으려고만 하지 놓을 줄은 모른다. 누구나 가장 듣기 싫어하는 평이 인색하다는 말일 것이다. 그럼에도 돈 앞에만 서면 이 말도 어느 순간 망각하게 되어 버린다.

그렇다면 이토록 집착하여 돈을 모으는 목적이 뭘까? 많은 사람들은 막연히 노후를 위해서라고 대답할지도 모르겠다. 하지만 단지 노후를 위해서라면 그렇게까지 살 일은 아니다. 이는 불확실한 미래를 위해서 현재의 행복을 지나치게 희생함이다. 그것이 아니라면 자식에게 물려주기 위해서일까? 이도 동의하는 사람이 그다지 많지는 않을 성싶다. 그렇다면 무엇 때문일까? 아마도 대부분의 사람들은 '살아 있는 동안 보람 있게 쓰기 위해서'라고 생각하지 않을까 싶다. 안타까운 것은 생각은 그렇게 하면서도 실천은 하지 못한다는 것이다. 한 세상 살면서 여한 없는 사람 누가 있으랴마는 그 사장님도 이를 너무 늦게 깨달아 그토록 통탄했을 것이다.

요즘도 가끔 그 사장님이 하던 말이 생각난다. 그분은 내게 '당신은 나처럼 바보같이 살지 말라'고 분명 깨달음을 주었던 것이다. 그 후 긴 세월이 흘렀다. 나는 절대 그렇게 살지 말자고 수없이 다짐했다. 하지만 고희를 넘긴 지금까지도 솔직히 자신이 없다. 참으로 알다가도 모르는 것이 돈에 대한 집착이 아닌가 싶다.

(2020. 5)

내 핸드폰의 입력 문구

존재하는 것은 모두 의미가 있다고 했던가? 삼라만상의 미물이 다 그러할진대 만물의 영장인 인간의 삶에 어찌 의미가 없으랴! 짧은 인생 위대하고 의미 있게 산 현인들도 많다. 세종대왕이 그렇고 이순신 장군과 테레사 수녀도 마찬가지다. 그렇다면 내 삶에는 어떤 의미가 있을까? 태어난 이상 의미 없이 살다 갈 수는 없다. 그럭저럭 살다 보니 칠십 고개를 훌쩍 넘겼다. 뭐 하나 제대로 이루어 놓은 것도 없다. 한 해라도 더 오래 사는 데에만 의미를 두고 연명하고 있는 것은 아닌가 싶기도 하다. 지난 세월은 그렇다 치고 남은 인생은 어떻게 살아야만 할까?

핸드폰을 사용한 지 20여 년 되었다. 하지만 카카오톡에 프로필 사진과 문구를 입력하기 시작한 것은 5년쯤 된다. 솔직히 핸드폰에 그런 기능이 있는지도 몰랐기 때문이다. 좌우명이 없는 나에게는 이 문구가 좌우명을 대신하고 있다. 처음 입력했던 문구는 '나를 위해 살자'였다. 내 인생의 절절한 화두이기도 했다. 이 문구를 입력하게 된 기억이 지금도 생생하다. 40년 평생직장을 정년퇴직 후, 제2의 인생 어떻게 살 것인가의 문제로 고심이 깊었다. 나는 지금까지 누구를 위해 살았던가? 아무리 생각해도 나를 위해 산 것 같지 않았다. 앞으로는 나를 위해 살아야겠다는 각오를 하게 되었다. 그래서 입력한 문구다.

2년의 세월이 흘렀다. 누구를 위해 살았는가의 문제로 다시 고심이 깊어졌다. 가족을 위해 살았다고 말할 자신도 없었다. 그렇다고 이웃이나 나라를 위해 산 것은 더욱 아니다. 아무 개념 없이 살았으며, 남이 장에 가니 나도 거름지고 장에 갔던 것이다. 남을 위해 살지도 않았는데 '나를 위해 살자'고 다짐하는 것이 말이나 되는가? 문구를 다시 바꾸기로 했다. 지금 입력되어 있는 '바보같이 살지 말자'이다.

이 문구 또한 3년을 반복해서 보게 되니 개념이 흐려졌다. 그러던 어느 날 이 문구를 보는 순간 찡! 하고 심장에 전율이 일었다. 정신도 아찔했다. 잠시 후 마음을 가다듬어 그 원인이 무엇일까를 곰곰이 생각해 보았다. 인생에서 '어떻게 살 것인가?'의 문제보다 더 본질적인 문제는 없을 것이다. 아마도 그에 대한 심각성을 순간적으로 자각한 것이 아닌가 싶었다. 수도승이 어느 날 갑자기 알 수없는 뇌파의 충격으로 일순간에 대오각성을 한다는데, 그 정도는 아니지만 그와 비슷한 초기 단계의 현상이 아닐까 싶었다.

3년 전 지금의 '바보같이 살지 말자'라는 문구에 마음이 사로잡혀 흔쾌히 입력했다. 더 이상 바보같이 살지 않으리라 다짐도 했다. 하지만 그 후 달라진 것은 아무것도 없다. 지금 생각하니 바보같이 살지 말자라고만 했지, 어떻게 사는 것이 현명한 삶인지에 대한 내용은 없다. 차라리 '나를 위해 살자'라는 첫 문구보다도 못한 것 같았다.

핸드폰 문구 문제로 다시 고심에 빠져들었다. '인생을 어떻게 살아야 하는가?'에 대한 물음에 정답은 없다고 했다. 정말 그런 것 같다. 어쩌면 살아 있다는 그 자체가 생존의 의미일지도 모른다. 차라리 삶의 의미 따윈 생각지 말고 지금까지 살아온 대로 살아야겠다. 흐르는 세월 따라 바람처럼 구름처럼 그렇게 살까 보다.

(2020. 5)

찰나의 인생

겁(劫)이란 가장 긴 시간의 단위이다. 천지가 한 번 개벽한 후 다음 개벽할 때까지를 의미한다. 잡아함경(雜阿含經)에 보면 '사방과 상하로 1유순(약 15km)의 큰 바위를 천으로 100년에 한 번씩 문질러서 바위가 다 마멸되어도 겁은 끝나지 않는다.'고 하였다. 유사한 뜻으로 힌두교에 '칼파'라는 말이 있다. 86억 4천만 년의 긴 시간을 뜻한다. 모두 무한의 긴 시간이다.

지구는 무한한 우주 속에서 작은 점 하나에 불과하다. 우리는 그 점 속에 살고 있다. 지구는 태양을 중심으로 자전과 공전을 한다. 적도를 기준으로 자전 속도는 시속 1,670km이며, 공전 속도는 약 11만km로 자전 속도의 65배나 된다. 총알 속도가 초속 800m이니까 지구는 총알보다 40배 빠른 속도로 태양을 돈다. 그럼에도 우리가 속도를 느끼지 못하는 것은 사람도 지구와 같은 속도로 함께 움직이기 때문이다. 지구는 스스로 빛을 내지 못하며 태양의 빛을 받아 그 에너지로 생명체가 살아간다.

별들의 집단을 은하계라 한다. 한 은하계에는 천만 개에서 1조 개의 별이 있다. 태양계가 속한 안드로메다 은하계에는 천억 개 정도의 별이 있다고 한다. 그렇다면 우주의 크기는 과연 얼마나 될까? 빛이 일 년 동안 가는 거리를 1광년이라 한다. 빛의 속도가 초속 30만km이니 1광년은 약 9조 5천억km 거리다. 지구에서 38만km인 달은 빛으로 1초 남짓 거리며, 1억 5천만km의 태양은 8분 정도 거리다. 우리가 좋아하는 북두칠성은 별에 따라 각기 50~170광년의 엄청난 거리다. 그러나 우주에서 먼 별이라고 함은 3천만 광년 이상이라고 하니 북두칠성은 지구와 아주 가까운 별에 속한다. 결론적으로 우주는 끝이 없으며 무한하다는 것이다.

우주 공간의 별은 끝없이 생성과 소멸이 반복된다. 지구와 태양의 수명은 대략 100억 년으로 추정하며 현재 나이는 45억 년 정도이다. 이미 수명이 반 정도 지나갔다. 천체는 수명이 다할수록 에너지가 점차 감쇠된다. 지구가 처음 생성되었을 때는 한 번 자전하는데 11시간이 소요되었으나 지금은 24시간(정확히 23시간 56분)으로 느려졌다. 55억 년 후에는 태양도 지구도 에너지가 소진하여 운행을 정지하며, 한 조각의 운석으로 사라지게 된다.

우주의 수많은 별들 중에서 생명체가 살고 있는 곳은 과연 지구뿐일까? 우주 공간에는 지구와 유사한 환경의 별들도 많다고 한다. 과학자들은 그 별에도 생명체가 있을 것으로 추정한다. 어쩌면 지구상의 인간보다 더 우수한 고등동물이 살고 있을지도 모른다.

그렇다면 그 별들의 수명이 다하게 되면 생명체는 어떻게 될까? 별과 함께 일시에 다 사라져 버릴까? 생각만 해도 끔찍하다. 그러나 반드시 그렇다고 할 수는 없다. 그러기 전에 생명체가 살 수 있는 다른 별을 찾아서 이동할 수도 있기 때문이다. 지구상의 우리 인간도 끝없이 과학이 발달하여 새로운 별을 찾아 나설 것이며, 다른 별의 외계인 침입도 막을 것이다. 그야말로 별들의 전쟁이 시작되는 것이다. 살기 위한 불가피한 이 필연을 어찌 공상이라고만 할 수 있겠는가?

'찰나 같은 인생'이라는 말이 있다. 불가에서는 눈 한 번 깜박하는 짧은 시간을 순식간(瞬息間)이라 하며, 순식간의 10분의 1을 탄지경(彈指頃)이라 한다. 그리고 찰나(刹那)는 탄지경의 65분의 1이다. 찰나는 눈 한 번 깜박할 시간의 650분의 1인 셈이다. 무한의 이 우주 공간에서 '인생 백 년'의 시간 개념은 어떻게 인식해야 할까? 찰나가 분명하지 않은가? 지구의 수명은 지금도 끝을 향해 달리고 있다. 그럼에도 우리 인간들은 서로 미워하고 시기하며 아옹다옹 다툰다. 찰나의 인생, 그렇게 살 일이 뭐 있으랴!

(월드코리안 신문 2018. 10)

| 축간사 |

『나만의 공간』 펴내심을 축하합니다

권 재 일

(한글학회 회장, 서울대학교 명예교수)

"고요하여 적막한 밤, 창밖의 달이 나를 보고 웃고 있다. 침묵을 지키고, 침묵 하나만으로도 내 마음과 통한다. 자꾸만 벌레 소리가 들리고, 나뭇잎 뒹구는 소리가 나고, 나는 흐르는 눈물을 참고 또 참는다."

수필가 이영승 작가가 친구인 저에게 처음으로 건네준 글입니다. 어언 쉰두 해 전인 1968년 9월입니다. 그 시절 시골 소년이 겪어야 했던 힘든 삶을 표현해 보려는 절박한 마음이 그려집니다.

"나는 무엇인가 깊이 느낄 때마다 글을 지어서 모으고 있어. 졸업할 때 나의 삼 년이란 이름으로 책을 한 권 만들 테야. 잘 되면 너에게 보여 줄지도 모르겠지."라고 말했던 그때의 저의 친구 이영승 작가가 드디어 첫 수필집 『나만의 공간』을 펴냈습니다. 지나온 삶의 흔적이 인생 자체인 듯 추억의 바구니에 하나하나 담았습니다. 그래서 수필집 출판을 저는 한없이 기뻐하고 마음 가득 축하합니다.

저는 이영승 작가와 몇 차례 문화 기행을 다녔습니다. 불교 문화, 유교 문화, 그리고 실학 문화 등. 그때마다 감탄합니다. 사실 저는 바람 쏘일 겸 따라나섭니다. 그런데 작가는 며칠 밤 새워 온갖 역사 자료를 정리해 와서 하루 종일 설명하고는 자기 생각과 느낌을 펼칩니다. 아, 이렇게 일마다 정성을 다하는구나, 감탄합니다. 그러한 정성은 이 수필집에도 고스란히 담겨 있습니다. 그래서 저는 이 수필 한 편 한 편이 다 즐겁습니다. 고향 안동의 문화 탐방에서 보여 준 정성은 말할 것도 없고, 중국의 유교 문화 답사에서는 그 진한 감흥에 취해 있습니다.

> 황홀했던 무이구곡의 뱃놀이, 무릉도원과 신선 세계가 어찌 따로 있으랴! 먹다 남은 술병을 손에 들고 뗏목에서 내리니 이곳이 꿈속인지 현실인지 정신이 혼미했다. -「무이산 기행」 중에서

> 잠시 아래를 내려다보니 내가 구름을 타고 하늘을 날고 있다. 그렇다면 나는 하늘나라의 신선이란 말이 아닌가? 그렇다. 천상의 옥황상제 앞을 날고 있는 내가 신선이 아니면 누가 신선이랴! 꿈이 아닌가 싶어 내 살을 꼬집어 보니 생시가 분명하다. -「꿈에 그리던 곡부와 태산」 중에서

이영승 작가를 만나면 이야기가 무궁무진합니다. 따님, 아드님 자랑도 종종 섞습니다. 그 따님은 서해안 바닷가 횟집에서 아버지 친구들에게 맛있는 저녁도 대접하는 효심 가득하기도 합니다. 그

러나 좀처럼 부인에 대해서는 말을 아낍니다. 그러나 이 수필집에서는 참지 못하고 그 사랑을 다 드러냅니다. 그래서 두 분 사랑이 보기에 참 좋습니다. 처부모님 회혼식에서도 맺음말은 "무엇보다 아내가 흐뭇해 하니 내 가슴도 뿌듯했다."라 속마음이 비칩니다. 완행열차 나들이 다녀오면서, "오늘이란 내 남은 생애의 첫날이며, 어제 떠난 어떤 이가 그토록 살고 싶어 하던 내일이 아니던가. 곰곰 생각하니 나는 지금까지 이미 지나가 버린 어제에 미련을 두고, 어떻게 될지도 모르는 내일을 너무 걱정했으며, 그토록 소중한 오늘은 정작 무의미하게 허비했던 것이다. 앞으로는 정말 하루하루 오늘을 즐기며 살아야겠다."라 다짐하면서 결국은 "창밖을 바라보는 아내의 모습에서 애잔함이 느껴진다. 모처럼 아내와 함께한 짜릿한 나들이였다."로 글을 맺습니다. 앞으로 두 분의 삶도 그 완행열차처럼 천천히 흘러가면 좋겠습니다.

저는 이영승 작가의 수필을 읽으면서 문학의 또 다른 가치를 체험합니다. 치유의 기능입니다. 작가가 퇴직을 앞두고 우울증과 공황장애를 겪고 있을 때 글쓰기가 이를 치유했다고 합니다. 작가만의 글쓰기 공간에서 온갖 상상의 나래를 펼치며 자아를 성찰하기도 하고, 그 시간만은 누구의 간섭도 받지 않으며, 작가가 살아 숨쉬고 있음을 확인하는 시간이었다고 고백합니다. 나만의 공간을 만들고 글쓰기를 하면서부터 귀갓길의 발걸음은 한결 가벼웠고, '애인 집을 찾는 기분이 이토록 기쁘고 가슴 설렐까' 생각했다니, 이것이 바로 문학의 힘일 것입니다.

이렇게 이영승 작가가 첫 수필집 『나만의 공간』을 펴냈습니다. 오십여 성상의 친구로서 거듭 축하의 마음을 전합니다. 앞으로도 소박하고 진솔한 삶의 이야기를 글로 옮겨 우리 모두에게 전해 주며, 그 고결하고 아름다운 작가만의 문학 공간을 영원히 이어 가시길 빕니다.

은유적으로 부르는 승리의 찬가

- 수필집 『나만의 공간』을 중심으로

오 경 자
(국제PEN한국본부 부이사장 / 한국수필문학가협회장)

수필은 작가 자신의 체험을 실제 글감으로 해서 쓰는 글이다. 자신이 겪은 이야기를 그대로 쓰면 되는 것으로 쉽게 생각할 수 있지만 그렇지 않다. 여러 체험 중에서 작가에게 글감으로 뽑혀 올라올 때에는 그 속에 무엇인가 주제를 선명히 지니고 있어야 한다. 그 주제를 통해서 작가는 독자들에게 깊은 울림이 있는 자신만의 해석을 전해 주고 싶어서 수필을 쓰는 것이라 할 수 있다. 사물을 보고 느끼고 무슨 일을 겪으면서 그것들을 자신의 관점에서 재해석해서 그 뼈대를 전하는 것이 주제의 형상화라 할 수 있는데 이것이 수필의 생명이고 목적이다.

수필가 이영승은 주제가 선명한 글을 쓰는 작가라 할 수 있다. 그의 글감은 다양하고 폭이 넓다. 어린 시절의 이야기에서부터 학창시절, 직장생활, 결혼하고 남매를 낳아 기르며 부대끼는 부모로서의 애환, 부모님께 효도를 다하지 못했다고 느끼는 자식으로서의 회한, 젊은 날 한때의 짧은 일탈 등을 솔직하고 진솔하게 수필로 빚어내는데 성공했다.

앞만 보고 달려온 직장을 떠나고 정년이라는 것을 맞이해야 할 때의 허탈감과 그 극복의 이야기를 진지하게 전하고 있다. 수재 자녀를 둔 부모로서의 자긍과 애태움, 뜻하지 않은 시련 등을 천착하지 않고 감정을 객관화시키면서 독자의 가슴을 파고들게 엮어 내는데 성공했다. 부모님에 대한 애틋함은 모든 사람들에게 다 있는 것이지만 어머니에 대한 그리움을 표현하는데 있어 그 절제가 오히려 가슴을 뜨겁게 한다.

정년 후의 삶을, 완전히 새로 시작하는 과정을 잘 그려내고 있는 그의 수필은 유학경전과 관련된 글감들을 중수필의 경지로 잘 소화해 내고 있다. 정년 후의 시간을 백수의 시간 죽이기가 아닌 생동하는 새로운 삶의 개척으로 시작하고 끌어가서 성공적 이야기를 전하는 그의 수필은 승리의 찬가라 할 수 있다.

수필의 요소 중 유머는 아주 중요한 것이지만 막상 수필에다 담아내기란 그리 녹록한 문제가 아닌데 이영승은 따로 우스운 이야기를 만들지 않고 그 사실적 표현을 통해 유머의 멋을 잘 살리고 있다. 안동 유림의 완고하신 아버지가 너희들을 축하해 주러 오신 손님들을 두고 신혼여행을 떠나 버리는 것은 예의가 아니라고 말씀하셔서 할 수 없이 집에서 신혼 초야를 지내야 한 처지를 사경적으로 표현하고 있는 것이 좋은 예이다.

문구멍을 뚫고 신방을 들여다보며 밤새도록 장난을 쳤다. 참을 수 없는 고역스러움과 신혼의 짜릿함이 공존하는 야릇한 첫날밤이었다. 그 총중에 태어난 첫 딸이 허니문 베이비라니 참으로 신통도 하다. 맞선을 보던 날 두 시간 넘게 기다렸던 일은 아무리 생각해도 불가사의하다. 그래서 배필은 하늘이 맺어 준다고 했던가? -「배필」 중에서

또 다른 유머의 기법은 은유적 표현으로 담담히 지나가는 듯한 속에 숨겨져 있어 더 돋보인다. 부부싸움 중의 일들을 글감으로 쓰면서 직설적이 아닌 간접화법 비슷하게 자신의 할 말을 다하고 있는 데 바로 유머 기법이다.

혼자 사는 것이 어려움이 많은 것은 사실이다. 하지만 잔소리를 듣지 않고 간섭도 받지 않으니 편한 면도 없지 않다. 그러면서도 아내로부터 고생한다는 위로와 고맙다는 칭찬까지 받으니 결코 손해 보는 장사는 아닌 듯하다. 인생은 마음먹기 나름이라 했던가? 이야말로 그동안 동경했던 진정한 자연인이 아닌가 싶다. -「자연인이 따로 없다」 중에서

어떤 부부도 영원히 함께 할 수는 없다. 언젠가 한 사람이 먼저 떠나게 되면 남은 사람은 홀로가 된다. 문제는 남자들이다. 특히 나 같은 사람이다. 진정한 홀로서기는 그 상황에서도 꿋꿋이 살 수 있는 사람일 것이다. 홀로서기는 참으로 쉽지 않은 고난의 길이다. 나는 오늘도 그 길을 묵묵히 강행군 중이다. -「고난의 홀로서기」 중에서

수필에 있어서 솔직함은 가장 중요하게 요구되는 요체이기도 하다. 체험을 바탕으로 쓰는 글이기에 솔직하지 못하면 진정성이 없어 글이 겉돌게 되기 마련이다. 이영승의 수필은 자신의 실수나

가족애와 관련된 이야기들에서 솔직한 표현으로 감동을 준다.

술상을 차려놓고 기다리는데 새벽 1시가 지나도 아들이 들어오지 않았다. 회사에서 회식이 있어 늦을 것 같다는 메시지는 있었지만 이렇게까지 늦을 줄은 몰랐다. 아내는 나보고 먼저 자라고 하지만 나는 맥주 한 잔 같이 하겠다며 버티었다. 내가 승진했을 때도 이처럼 기뻤던가 싶다. 아내는 수도 없이 창문을 돌아보며 초조히 TV 채널만 돌려대고 나는 이 기쁜 감정을 한 편의 글로 담아보려고 볼펜과 씨름한다. 도대체 자식이 뭐 길래! 밤은 깊어가고 두 내외의 눈까풀은 따갑기만 하다.

-「아들의 승진」 중에서

그간 지인들의 결혼식에 축의금만 보내고 참석하지 않는 경우가 많았다. 나는 개혼도 못 했는데 10년 이상 후배들의 혼사가 줄을 잇고 있으니 어찌 참석하여 축하할 기분이 났겠는가? 이제부터는 받은 은혜에 보답하는 마음으로 부지런히 찾아다니려 한다. 형편상 참석하지 못할 경우에는 축의금과 함께 진정성 있는 문자를 보낼 것이다. 이번에 그런 문자를 받아 보고 깊이 느꼈다.

-「청첩」 중에서

이영승에게 우정은 또 남다른 글감이다. 현암사의 하룻밤 우정은 출가한 옛 친구를 찾아가 하룻밤을 묵으며 지난날을 회상하고 진정한 우정도 생각해 보는 글이다. 절제된 문장 속에 사경적인 표현이 돋보이는 글이다.

사회적으로 크게 성공한 친구가 46년 전에 받았던 편지를 간직했다가 전해 준 이야기를 담은 수필에서 작가는 우정이라는 것에 대해 또 다른 감회를 잘 담아내고 있다. 우정이라는 어려운 담론을 이 두 편의 수필을 통해 담담하게 그려 나가면서 자신의 메시지를 잘 전하는데 성공했다고 본다. 중학생 때 자신의 방황하던 마음도 담겨진 편지를 반세기 만에 받아들고 그 심경을 잘 그려내고 있다.

46년 만에 돌아온 편지, 내게는 더할 나위없을 정도로 진귀한 보석이다. 그런데 그 편지가 이토록 애착이 가는 연유가 대체 무엇 때문일까? 오래되었기 때문일까? 아니면 친구의 우정이 서려서일까? 그렇다. 하지만 그것만이 전부는 아닐 것 같다. 아마도 아득히 잃어버렸던 내 인생의 한 토막을 다시 찾았기 때문이 아닐까 싶었다.

-「46년 만에 돌아온 편지」 중에서

이영승 에게도 가족은 역시 글의 원천이고 정서의 출발이기도 하다. 어머니, 아버지, 할아버지, 아들딸, 손자녀들이 모두 그의 글밭이다. 아내는 그 모두를 합한 것보다 더 크고도 넘친다. 그 글감들을 통해 사람이 사는 이야기를 스스럼없이 그려 나가면서 인생이 무엇인지를 관조하고 있다 하겠다.

이제 황홀했던 대드라마가 막을 내렸다. 지중해 해변을 딸과 함께 거닐고, 인파를 헤치며 시내 야경을 구경했다. 걷다가 다리가 아프면 벤치에 앉아 아이스크림을 사 먹었으며, 배경 좋은 곳이면 어디에서나 머물며 카메라 셔터를 눌러댔다. 실로 꿈같은 18일이었다. 어느 연인과 함께한들 이보다 더 행복할 수 있으랴. -「딸과 함께한 자유여행」 중에서

그로부터 몇 개월 후 아버지가 임종하셨다. 소식을 듣고 달려온 아들이 아버지 영전에서 눈물을 감추지 못했다. 아마도 할아버지 등을 밀어주던 그날을 생각하는 것 같았다. 내 아들의 눈물을 보면서 속으로 슬픔을 삭이던 이 불효자식도 눈물을 쏟기 시작했다. 경로당에 한 번 가지

못한 것이 더욱 가슴을 아프게 했다. -「아버지 영전의 눈물」 중에서

어머니는 역시 영원한 아픔으로 이영승의 가슴에 박제되어 있다.

내가 다니는 초등학교는 워낙 벽촌이라 명문 안동중학교에는 일 년에 한 명 들어갈까 말까 했다. 내가 요행히 합격을 했으나 도저히 입학금을 마련할 형편이 되지 못했다. 한숨으로 나날을 보내며 입학하지 못하면 무작정 서울로 도망갈 작정만 하고 있었다. 그런데 어찌된 일인지 입학금을 내게 되고 진학을 하게 되었다. 나의 입학금을 마련하기 위해 어머니가 머리를 잘라 팔았다는 사실은 먼 후일에야 알게 되었다. 옛날이야기에서나 들었던 일이 내게 현실로 있었던 것이다.

그 사실을 알고 나서 내가 어머니께 무슨 말을 했으며, 어머니가 뭐라고 대답했는지는 전혀 기억이 나지 않는다. 참으로 안타깝고 가슴 아프다. 오십여 년 전 외삼촌 회갑에 갔을 때 친정 식구들 앞에서 중학교 교복을 입은 나를 보며 그토록 자랑스러워하시던 모습이 떠올라 새삼 가슴을 울린다. -「어머니의 세월」 중에서

수필은 바로 작가 자신의 자화상이라 할 수 있다. 작가 이영승은 매사에 감사하며 현재의 상황에 만족하며 행복을 누리는 마음 자세가 그의 수필에 녹아 있다. 그것이 그의 관조이고 많은 글들의 주제와 맞닿아 있다. 정년 후 골프를 즐기며 자연과 벗하고 아내와 함께 하는 시간들 속에서 새로운 인생을 찾고 즐기는 모습이 그의 수필세계 중 중요한 한 부분이라 하겠다.

모처럼 아내와 함께한 나들이였다. 돌아오는 열차에 몸을 실었다. 석양을 향해 북한강을 굽이굽이 도는 열차가 마치 뱀이 꼬리를 치는 듯했

다. 실로 얼마 만에 타보는 완행열차이던가! 내 인생도 이처럼 완행으로 흘렀으면 좋겠다. -「완행열차」 중에서

그 후 2년의 세월이 흘렀다. 맑은 정신이 유지되기를 그토록 간절히 소망했던 바로 그 2년이다. 내 일상은 예전과 다름없이 바쁘게 돌아가고 있다. 그런데 가족과 주변을 위해 봉사하며 살겠다던 그 간절하던 마음은 어디로 갔을까? 이토록 간사한 것이 정녕 인간의 마음이던가!

-「간사한 인간의 마음」 중에서

이영승의 수필은 배려와 역지사지가 은은히 배어 있다. 그리고 베풀고 사는 삶에 대해 깊은 관심을 갖는다. 자신의 작은 서재를 마련하고 아이처럼 좋아하는 순진무구한 모습은 문장으로 보여 주는 사경적 표현이다.

요즘 나는 부자인 양 착각 속에 살고 있다. 가진 것이 없다고 해서 마음까지 가난할 수는 없지 않은가? 집안 행사나 명절 때면 작은 돈이나마 인색하지 않으려고 애를 쓴다. 지인들과 모이면 지갑 열 기회를 살피기도 한다. 모두가 비자금 덕분이다. -「비자금」 중에서

그토록 갈망하던 작은 서재가 만들어졌다. 실로 천하를 다 얻은 기분이다. 오늘도 잘 정돈된 서재가 귀갓길의 발걸음을 가볍게 한다. 어느 애인 집을 찾는 기분인들 이보다 더 가슴 설렐까? 나만의 작은 공간에서 인생 2막을 마음껏 꽃피우리라. -「나만의 공간」 중에서

이영승의 수필은 자기 성찰의 글이 많다. 역지사지와 상대방에 대한 배려가 은은히 배어 있는 글은 잔잔한 감동으로 이어진다. 세신사 조사장 같은 수필은 바로 그 모본 같은 경우라 할 수 있으

며 인간애가 면면히 흐르는 글이다.

수필의 여러 요소 중에 유익한 정보의 전달을 빼놓을 수 없는데 이영승의 수필은 그 면에서 아주 돋보이는 수필이 적지 않다. 고향 안동의 길라잡이를 자처하고 나선 「내 고향 문화유적답사」나 「무이산 기행」, 「꿈에 그리던 곡부와 태산」 등의 기행 수필은 유학에 심취한 작가의 면모를 가히 짐작케 할 만큼 성실하게 좋은 정보를 담고 있다.

그의 수필은 가족애를 담았으되 천착하지 않고 그 사랑을 행간에 잘 감추고 있어 수필의 은유적 표현을 잘 살리고 있다. 미사여구가 없으나 은은한 선비의 아취가 풍겨나는 것이 이영승의 수필이 갖는 묘미라 하겠다.

이영승 수필집

나만의 공간

2020년 10월 15일 초판 인쇄
2020년 10월 20일 초판 발행

지은이 / 이영승
발행인 / 강병욱

발행처 / 도서출판 교음사
편 집 / 隨筆文學社 出版部

03147 서울 종로구 삼일대로 457 수운회관 1308호
Tel (02) 737-7081, 739-7879(Fax)
e-mail : gyoeum@daum.net

등록 / 제2007-000052호

* 잘못된 책은 바꿔 드립니다. 값 12,000원

ISBN 978-89-7814-799-6 03810